To Zac,

    I'll never forget the
great job you did raising $$
for Hôpital Albert Schweitzer
when you were at Foote!
Keep up the good work!

Your ole teach,
Jenny Byers

New Haven
7 November 1996

Dr. Albert Schweitzer and William Larimer Mellon in Günsbach, 1951.
Courtesy E. Anderson. / Le Docteur Albert Schweitzer and William Larimer
Mellon à Günsbach, 1951. Anderson.

Brothers *in* Spirit

The Correspondence of
Albert Schweitzer
and
William Larimer Mellon, Jr.

Translated *by*
Jeannette Q. Byers

Foreword *by*
Gwen Grant Mellon
and
Rhena Schweitzer Miller

Syracuse University Press

The publication of this book is funded in part by The Grant Foundation.

The paper used in this publication meets the minimum requirements of American National Standard for Information Sciences—Permanence of Paper for Printed Library Materials, ANSI Z39.48-1984. ∞™

Library of Congress Cataloging-in-Publication Data
Schweitzer, Albert, 1875–1965.
Brothers in spirit : the correspondence of Albert Schweitzer and
William Larimer Mellon, Jr. / translated by Jeannette Q. Byers ;
foreword by Gwen Grant Mellon and Rhena Schweitzer Miller.
p. cm.
ISBN 0-8156-0344-4 (alk. paper)
1. Schweitzer, Albert, 1875–1965—Correspondence. 2. Mellon,
William Larimer, 1910–   —Correspondence. 3. Missionaries,
Medical—Gabon—Lambaréné (Moyen-Ogooué)—Correspondence.
4. Missionaries, Medical—Haiti—Correspondence. I. Mellon,
William Larimer, 1910–   II. Title.
R722.32.S35A4   1996
610'.92—dc20
[B]   96-7388

Manufactured in the United States of America

17 And when he was gone forth into the way, there came one running, and kneeled to him, and asked him, Good Master, what shall I do that I may inherit eternal life? 18 And Jesus said unto him, Why callest thou me good? There is none good but one, that is God. 19 Thou knowest the commandments, Do not commit adultery, Do not kill, Do not steal, Do not bear false witness, Defraud not, Honour thy father and mother. 20 And he answered and said unto him, Master, all these have I observed from my youth. 21 Then Jesus beholding him loved him, and said unto him, One thing thou lackest: go thy way, sell whatsoever thou hast, and give it to the poor, and thou shalt have treasure in heaven: and come, take up the cross and follow me. 22 And he was sad at that saying and went away grieved: for he had great possessions. 23 And Jesus looked round about and saith unto his disciples, How hardly shall they that have riches enter into the kingdom of God! 24 And the disciples were astonished at his words. But Jesus Answereth again, and saith unto them, Children, how hard is it for them that trust in riches to enter into the kingdom of God! 25 It is easier for a camel to go through the eye of a needle, than for a rich man to enter into the kingdom of God. 26 And they were astonished out of measure, saying among themselves, Who then can be saved? 27 And Jesus looking upon them saith, With men it is impossible, but not with God: for with God all things are possible. 28 Then Peter began to say unto him, Lo, we have left all, and have followed thee. 29 And Jesus answered and said, Verily I say unto you, There is no man that hath left house, or brethren, or sisters, or father, or mother, or wife, or children, or lands, for my sake, and the gospels 30 But he shall receive an hundredfold now in this time, houses and brethren and sisters and mothers and children and lands with persecutions: and in the world to come eternal life. 31 But many that are first shall be last, and the last first.

17 Comme il se mettait en route, quelqu'un vint en courant et se jeta à genoux devant lui; il lui demandait: «Bon Maître, que dois-je faire pour recevoir la vie éternelle en partage?» 18 Jésus lui dit: «Pourquoi m'appelles-tu bon? Nul n'est bon que Dieu seul. 19 Tu connais les commandements: *Tu ne commettras pas de meurtre, tu ne commettras pas d'adultère, tu ne voleras pas, tu ne porteras pas de faux témoignage, tu ne feras tort à personne, honore ton père et ta mère.*» 20 L'homme lui dit: «Maître, tout cela, je l'ai observé dès ma jeunesse.» 21 Jésus le regarda et se prit à l'aimer; il lui dit: «Une seule chose te manque; va, ce que tu as, vends-le, donne-le aux pauvres et tu auras un trésor dans le ciel; puis viens, suis-moi.» 22 Mais à cette parole, il s'assombrit et il s'en alla tout triste car il avait de grands biens. 23 Regardant autour de lui, Jésus dit à ses disciples: «Qu'il sera difficile à ceux qui ont les richesses d'entrer dans le royaume de Dieu!» 24 Les disciples étaient déconcertés pas ces paroles. Mais Jésus leur répète: «Mes enfants, qu'il est difficile d'entrer dans le royaume de Dieu! 25 Il est plus facile à un chameau de passer par le trou d'une aiguille qu'à un riche d'entrer dans le royaume de Dieu.» 26 Ils étaient de plus en plus impressionnés; il se disaient entre eux: «Alors qui peut être sauvé?» 27 Fixant sur eux son regard, Jésus dit: «Aux hommes c'est impossible, mais pas à Dieu, car tout est possible à Dieu.» 28 Pierre se mit à lui dire: «Eh bien! nous, nous avons tout laissé pour te suivre.» 29 Jésus lui dit «En vérité, je vous déclare, personne n'aura laissé maison, frères, soeurs, mère, père, enfants ou champs à cause de moi et à cause de l'Évangile, 30 sans recevoir au centuple maintenant, en ce temps-ci, maisons, frères, soeurs, mères, enfants et champs, avec des persécutions, et dans le monde à venir la vie éternelle. 31 Beaucoup de premiers seront derniers et les derniers seront premiers.»

—Marc 10:17–31

Contents

Illustrations

Jeannette Q. Byers is chair of the Modern Language Department at the Foote School, New Haven, Connecticut.

Foreword

That the 6 October issue of *Life* magazine reached our isolated cattle ranch in Arizona would seem to confirm the fact that there is a pattern and a design in the complicated web that covers our life. For Dr. Mellon and myself, it was definitely more than sheer chance. From that day, our lives had direction and ultimate fulfillment.

The first letter to Dr. Schweitzer began a friendship that would last eighteen years.

It is clearly revealed in these letters the importance the ethic Reverence for Life played in these two great men's lives.

For Dr. Mellon, the importance of a mentor was paramount.

Look around you; you too can find your own Lambaréné.

Gwen Grant Mellon

Deschapelles, Haiti
September 1995

The letters exchanged by Larimer Mellon and my father, Albert Schweitzer, give testimony to a very special friendship between two men different in age, belonging to different worlds, but united in the striving for the same goal: to alleviate suffering and bring help to people in need.

My father was deeply moved when Larimer Mellon approached him. He also, from the beginning, felt a strong responsibility toward the much younger man, who was willing to uproot his life to follow the road Schweitzer had shown him. It was not only the study of medicine, and the building of a hospital in which Mellon followed Schweitzer's example; it was the underlying ethical imperative of Reverence for Life which had compelled my father, that gave Larimer Mellon the strength to endure and to fulfill his commitment.

Though there were only a few personal meetings, through their letters they became brothers in spirit and in action, with a lifelong devotion to each other.

Rhena Schweitzer Miller

Lavonia, Georgia
1 September 1995

Translator's Note

The story of the life of Albert Schweitzer is well known: a man of extraordinary energy and ability, he gave up the possibility of brilliant careers in theology, music, and philosophy, and chose instead to become a doctor, devoting his life to serving the people in a remote area of Gabon, French Equatorial Africa. In recognition of his work, and its far-reaching influence on the world, he was awarded the Nobel Peace Prize in 1952.

Larimer Mellon's story is less well known. Born in 1910 to an American family of great wealth and distinction, he was the son of the founder of Gulf Oil and a great-nephew of Andrew Mellon, U.S. secretary of the treasury. After a year at Princeton, a brief marriage, and some experience working for both the Mellon Bank and Gulf Oil, he concluded he was not interested in following the traditional family path and left Pittsburgh for the West. In 1947, happily remarried and a successful rancher in Arizona, he read a *Life* magazine article about Albert Schweitzer (see appendix A). Profoundly inspired by Schweitzer's life story as well as his philosophy of "Reverence for Life," he discussed the article and its meaning with his wife, Gwen, and his ranch manager and friend, Jack Beau. Within two weeks, he had decided to send Mr. Beau to Africa as his personal emissary to find out more about Schweitzer's hospital and philosophy, while he read all he could about him. Mellon was struck by Schweitzer's words: "It . . . was incomprehensible to me that I should be allowed to lead such a happy life, while I saw so many people around me wrestling with care and suffering." Soon thereafter, on 8 December 1947, Mellon made a one-line entry in his diary: "I confided in Gwen my plan to become an MD." The next entry reads: "Composed a letter to Dr. Schweitzer (my first)." That letter is the beginning of the book you now have before you—a collection of sixty-five letters, notes, and telegrams, beginning in 1947 and continuing until Schweitzer's death in 1965. Mellon decided to follow in Schweitzer's footsteps. That very same year, at the age of thirty-seven, he gave up his ranch and began the long road to becoming a doctor. Within the next seven years he completed his undergraduate studies, earned a medical degree, and eventually, using most of his considerable inheritance, built a modern, well-equipped hospital in one of the poorest regions of

Haiti. There he spent the remainder of his life working as both a physician and a community development engineer to better the lives of the people of the Artibonite Valley.

Although much has been written by or about Schweitzer, Mellon, in his characteristically modest fashion, neither sought nor received much publicity in his lifetime. Thus, this collection is invaluable for those who wish to know him better, for it reveals much of the man as he really was. Indeed, these letters are a testimony to the intelligence, sensitivity, humor, and common sense of both authors.

As you will discover, Schweitzer served as an inspiration and mentor to Mellon, who sought his advice and followed his example in both spiritual and practical matters. Their letters ranged over a wide variety of subjects: from lofty discussions of the Gospels to topics as down to earth as new methods for fattening pigs. They corresponded about the best way to get through medical school, staffing problems, building construction, politics, and nuclear disarmament. Perhaps because both men spent much of their lives on foreign soil, their perspectives changed—often soaring above daily events—and they became true "citizens of the world." To us today, it seems remarkable that they found time in their extraordinarily busy lives to write such detailed and interesting letters.

They corresponded in French. Schweitzer, having grown up in Alsace, was equally conversant in German and French; and Mellon, having grown up with a French governess, became a gifted linguist, speaking excellent French, Spanish, and Creole, as well as making a serious study of Portuguese, Arabic, Greek, and Hebrew. That being said, however, you will discover a few infelicitous phrases in the French text, owing to the fact that neither man is writing in his native tongue. Indeed, you can almost hear the English or German constructions behind the French. These have been conscientiously left as is, and translated as such, so that you, the reader, will have the truest possible sense of these letters and their authors. Only simple spelling and grammatical errors caused by haste or oversight have been corrected.

As readers, we are privileged to watch their friendship deepen as their lives change. Their correspondence, which begins in the formal "Dear Dr. Schweitzer/Dear Mr. Mellon" mode, eventually becomes "Dear Friend," and finally, toward the end, "Very Dear Older Brother." They always treat each other with a certain formality and respect, which makes their letter-writing style seem somewhat stiff to us today. Indeed, the "voice" translated in these pages is intended to be that of the originals, not a modern update. It was not until 1959, after two meetings in Europe and twelve years of correspondence, that Schweitzer finally begins to employ the more familiar *tu* form of address; Mellon hardly ever does. You will also note that Mellon, in true brotherly fashion, often greets Schweitzer with a birthday letter on 14 January. Photographs, which were an integral part of Mellon's correspondence to Schweitzer, have also been included. They were all taken by Mellon himself or members of the Mellon family, unless otherwise indicated. Those with captions marked (WLM) are accompanied by Mellon's own notations.

Over the years, the translation of the letters has been worked on by a number of people. Toward the end of his life, Dr. Mellon began translating both Schweitzer's and his own letters into English with the aid of Lise Fréderique-Charlier and Mrs. Mellon. Later, Ian Rawson revised some of the translations and continued the process of transcribing and translating. In 1990, Eliza Nichols was employed to transcribe all of the originals and do a meticulous word-for-word translation. Finally, I have woven the best elements of each of the previous translations into this new one, in which I seek to follow the French text as closely as possible, while preserving the spirit, sense, and style of the two authors. Editing, interpolation, and paraphrasing have been avoided as much as possible; however, Schweitzer was renowned for economizing on paper and in some of his longer letters I have instilled paragraphs to aid comprehension. Suspension points, which were an integral part of both men's writing styles, particularly Schweitzer's, have been reproduced in the translation, and do not, therefore, indicate missing text. Where words were either omitted or illegible, additions made to clarify meaning are enclosed in brackets.

Because these letters were never intended for publication, both men are unusually frank. It is therefore important to place these men in their proper historical context and remember that, although what they say may occasionally strike today's reader as "politically incorrect," their perspectives and opinions are often apt representations of the prevailing social attitudes of the time.

All existing letters and photographs have been tracked down—from the Schweitzer Center in Günsbach, the Mellon House in Haiti, The Albert Schweitzer Center in Great Barrington, Massachusetts, and the Grant Foundation archives in Pittsburgh—yet this collection is incomplete. Although Mellon personally delivered the originals of his own letters and Schweitzer's replies to the Schweitzer Central Archives in Günsbach, and Schweitzer seems to have kept copies of his own letters and most of Mellon's in a box at the hospital in Lambaréné, some letters have been lost or destroyed. Thus, you will notice occasional unexplained references.

In the true Schweitzer/Mellon spirit, this project would never have been possible without the generous help of a number of volunteers. Rhena

Schweitzer Miller not only gave permission to use her father's letters but also helped decipher his handwriting on the occasions when both familiarity and a magnifying glass were insufficient. Great thanks are due to Jenifer Grant, project coordinator, without whose hard work and persistence this collection might never have seen the light of day. It was she who typed many of the corrections, tracked down missing letters, and served as an important sounding board to clarify different aspects of life in Deschapelles. Catherine de Lotbinière graciously proofread much of the French text. The Foote School in New Haven, Connecticut, generously granted me a six-month leave of absence to work on the translation, as well as liberal use of their computer and xeroxing facilities. Jane and Ted Byers provided much-appreciated practical support over a four-year period. Finally, during a delightful week-long visit to Haiti, Gwen Grant Mellon shared Dr. Mellon's diaries with me and verified names and dates. Her sense of what her husband would have said and how he would have said it was invaluable.

It has been an honor to work on this collection of letters. Indeed, in our era of instant communication and voice mail, we are privileged to have the written record of some of the innermost thoughts of two of this century's greatest humanitarians. I have deepened my own knowledge of both Schweitzer and Mellon, as I hope you, the reader, will too. In reflecting upon the lives of these two inspiring men, it seems particularly appropriate to close with a Schweitzer quote: "Example is not the main thing in influencing others, it is the *only* thing."

Jeannette Q. Byers

New Haven, Connecticut
November 1995

The Correspondence in English

Fort Rock Ranch
Seligman, Arizona
18 December 1947

My dear Doctor Schweitzer,

Greetings! I salute you!

If the chance to accompany the Beaus* on their upcoming trip to Lambaréné had arisen, Mrs. Mellon and I would have seized the opportunity since we very much hope to fulfill this dream some day. However, during the first months of 1948 we have planned to be in Peru so that I can look about in several directions with the goal of studying the living conditions of the indigenous people and the geography of the west coast of South America.

Our project is vast.

Recently inspired by the life of Jesus Christ as it is described in the book of Saint Mark (which I had never read very carefully before this year), I felt guilty, as many people must, regarding the straits of the man spoken of in Mark 10, beginning at the seventeenth verse.

After reading of your experience [in *Life* magazine], I made the decision to try to establish and run a medical mission—perhaps in South America—after earning my degree in medicine, which, according to my understanding, requires at least seven years to accomplish. (An eternity for someone of thirty-seven!) True, there are many things to be done outside the study of medicine. (At this point I don't wish to enumerate all the material, political, academic and spiritual preparations necessary for such an undertaking. You know them all too well.)

What I beg of you, Doctor Schweitzer, is that you try to point out to Jack and Anne Beau the area of existence in which you consider that

---

* Mr. and Mrs. Beau were sent to Lambaréné by Mellon to find out more about Schweitzer, his philosophy and his hospital (see letter in appendix B). A former French cavalryman, Jack Beau became a U.S. citizen and served as captain with the Third American Army in World War II. He met Mellon in the OSS. He became Larry's ranch manager in Arizona and later the first administrator of Hospital Albert Schweitzer, Haiti.

humanity has the most need of "healing." In other words, how can a couple of young people living today lighten the burden that the sons of Adam drag towards this thing we call "civilization"?

May God grant you good health and the strength to carry on. Please count me, dear Doctor Schweitzer, among your admirers from lands far away.

Sincerely yours,
Larimer Mellon

Dr. Albert Schweitzer
Lambaréné
French Equatorial Africa
27 February 1948

Mr. W. L. Mellon, Jr.
Apache Maid Livestock Company
Rimrock, Arizona, USA

Dear Mr. Mellon,

I am very touched by the interest you have shown in my thought and in my work. I will be delighted to receive Mr. and Mrs. Beau, whom you are sending to us here. They will be most welcome. I am writing in detail to Mr. Beau to give him all the necessary information for his trip. I regret not having the pleasure of seeing you here in person, but I hope that I will have a chance some day, either in Europe or in the USA (if I still have the time and the strength to come).

Perhaps it would interest you to know that your uncle, the secretary of state, Mr. Andrew Mellon* and I both received Doctorates Honoris Causa from the University of Edinburgh. At the dinner that followed, Mr. Mellon and I were seated at the same table. He was the one designated to speak for the newly elected doctors and to respond to the vice chancellor of the University. When he had finished his speech a voice rose from the vice chancellor's table saying "So, Mr. Mellon, now that we have made you Doctor of Edinburgh, there is, of course, no longer a question that Great Britain repay its debts to the States. You'll take care of that." It was quite a day. Everyone was in fine spirits. Thus, having met the uncle, I hope one day to meet the nephew and I am delighted to already be in contact with him.

I am very interested by what I have learned from Mr. Beau of your plans. But, let me correct one of the errors in the *Life* article. It is not true

---

* Misinformation: Andrew W. Mellon, Larimer Mellon's great-uncle, was secretary of the U.S. Treasury, 1925–32, ambassador to England 1932–33, and donor of the National Gallery of Art in Washington, D.C.

that I think the world incapable of understanding the thoughts that could create a spirit capable of guiding humanity toward a new future. I believe that those who work toward this new future will form a group and will have a significant influence, due to the power of the truth in the cause they serve. And you can well imagine how pained I am by the stupid superlatives that the author of the *Life* article abused in describing me.

Thank you, dear Mr. Mellon, for the initiative that you have taken.

With best wishes, yours sincerely,
Albert Schweitzer

Dr. Albert Schweitzer
Lambaréné
French Equatorial Africa
3 March 1948

Mr. Larimer Mellon
Fort Rock Ranch
Seligman, Arizona, USA

Dear Mr. Mellon,

I have before me your very good letter of 12/18/47. I would have liked to discuss it at length with Mr. Beau, and I arranged to be free (as much as I can, given my circumstances) in order to have some quiet time with him on Saturday, the twenty-eighth of February, before his departure. But, as you have no doubt learned from Mr. Beau, I had [to spend] the entire day looking for a boat that would take him to Port Gentil, having learned that morning that the one promised would not be available, as it had not yet returned from its last trip. Alas, in this country, you can not always do as you like when it comes to travel. You always depend on opportunity.

Therefore, I am answering you in writing.

I was very much moved upon reading your letter and felt a certain responsibility toward you, since the knowledge of my life influenced your decision to devote yourself to a similar undertaking. At the same time, I was delighted that you wished to spend your life serving others, and I told myself that it was your destiny, and that you would know a profound happiness in accomplishing it. Therefore, I consider you a dear brother, and I speak to you as such. And knowing that it is the spirit emanating from Jesus that inspires you in this undertaking makes it doubly understandable and precious to me. May God help you and bless you in the path you have chosen.

And now I am referring to the road you will be taking with the experience of one who has already traveled it . . .

Do not delude yourself about how difficult it will be. You wish to undertake full medical studies and you are right, since only by having the skill and the authority of a doctor can one do good work in this field.

Your age imposes one of the first and most serious difficulties. I myself have had the experience that after a certain age one has more difficulty assimilating new knowledge than in youth. One's memory is no longer sharp enough to master the required concepts. You will notice it even more than I, since you are studying at a more advanced age. On the other hand, you have the great advantage over me of being able to concentrate entirely on your studies, whereas I had to earn my living on the side, maintain pastoral duties, and finish [writing] books. How much I suffered from the state of things I could not change! The fact that you can concentrate on medicine alone guarantees that you will succeed, despite the difficulties that your age imposes. You may rest assured of that.

It would be helpful if you already knew physics and chemistry.

At the beginning of your studies, concentrate on the essentials: anatomy and physiology. As for zoology and botany, only learn what you need in order to pass your exams. I, myself, made the mistake of getting too deeply involved in these two subjects . . . As for chemistry, pay attention above all to what is pertinent to medicine.

The study of medicine before clinical studies is a hard test of patience. One finds oneself before an open door without being allowed to enter the building. But you must be patient and not get frustrated.

Once you are engaged in real medicine, it will be an entirely different matter. You will constantly realize the importance of what you are learning.

But be sure from the very beginning that you have a sound base in practical things: physical examinations and the laboratory procedures for blood and urine. A lack of knowledge in this field is never completely made up for later on. It is essential that your clinical foundation be absolutely solid.

It will be important for you to have both theoretical and practical knowledge of surgery since you will certainly find yourself, some day, in a situation where you will not be able to direct the surgery in classical fashion but will have to perform regular operations yourself. But take heart! Day-to-day surgery is not difficult . . . when one possesses a solid knowledge of anatomy, that is to say, topographical anatomy. The surgical technique, in and of itself, is a simple matter. What is difficult is to keep [in mind] the structures of the part of the body upon which you are working. That is what dictates how and how not to operate.

As soon as you can work in a clinic, take advantage of your vacations to be in surgical clinics and to familiarize yourself with that method, particularly small clinics where you might have the opportunity to serve as assistant.

Another branch that has particular importance for you is urology. You must know how to open up a bladder properly and relieve the obstruction caused by a blocked urethra, when all other means have failed.

But major surgery, with operations that demand someone highly skilled, is not of interest to you. You should have a theoretical knowledge of it, but you should not aspire to perform it.

Another thing, you must have a good working knowledge of pharmacology since, like myself, you will probably have to be your own pharmacist. During a vacation, do a stint with a country pharmacist. From his shelves, learn how to recognize pharmaceutic ingredients and familiarize yourself with the practical work (how to make an ointment, etc.).

One thing that will astound you coming from me: avoid specialized studies in tropical diseases! If, one day, you are in a tropical setting, you can become familiar with the illnesses and treatments on the spot, by referring to books. You must see these cases with your own eyes in order to understand them. It is only later, when you are familiar with them, that you will benefit from a deeper study with specialists in the field. If you know the standard laboratory and microscopy procedures, you are fully equipped to study on location, guided by books on tropical diseases.

Above all: do not try to pass your exams brilliantly. Be satisfied with simply getting through them somewhat honorably.

And don't write a pretentious doctoral thesis! Take a limited subject that won't require vast amounts of research . . . just enough to get your degree.

For you, what matters most is to have knowledge that is both basic and practical, solid and far-reaching. Keep that well in mind throughout your studies.

If I am still alive, come and spend your vacations here once or twice during your studies during the dry season (June to October). You will be able to acquire practical knowledge from the great amount of human material at your disposition. It would be a good opportunity to learn how to diagnose and to treat. As you can see, I am already beginning to weave dreams.

With regard to choosing a place of work, that is harder to advise since one cannot see into the future.

If you seek a humanitarian activity in South America, you will have to face the challenges that the nationalism of these countries is bound to create for you. They will act as if it were a favor to allow you to do good among those who need the help of a doctor. Perhaps they will impose humiliating conditions upon you. They might ask you to take Peruvian, Chilean, Uruguayan, Paraguayan, or Nicaraguan accreditation. The nationalistic spirit coming from those people who are just beginning to evolve on the political scene is capable of the silliest pretensions . . .

It would be easier in this respect to find a post in a colony, for example as a doctor in an American church mission. These missions need doctors for the people in their respective countries—and they can't find any, first of all, because not enough doctors volunteer their services and second, because the mission's budget does not allow for the expense of a doctor and a hospital. You, who wouldn't need to ask for a stipend from the mission, and who could contribute to a large extent to the costs of a primitive hospital, would be welcomed as a longed-for friend. You would be able to work under good conditions and, at the same time, remain independent, as you wouldn't be paid but would be living by your own means. And independence is of prime importance if you wish to do something worthwhile and do it well! You must be resigned to making all sorts of sacrifices, but you should avoid sacrificing your independence, as much as possible. I myself lead a very hard life in many respects. But I find the energy to carry on precisely because I have kept my independence—having found it, I couldn't [give it up]. By the way, the Apostle Saint Paul gave us the example of a man who, in all humility, knows the value of independence and who finds ingenious ways of preserving it!

But during your vacations, with the ease of travel today, you will have time to study, *in situ,* the question of which field to consider. You could also consider the fight against leprosy that is about to begin, thanks to the new therapies, and that will need doctors . . . and will have difficulty finding them in sufficient numbers!

And so now you can see that, based upon my own experience, I have told you all that applies to your important decision.

I hope that we will be able to discuss things more fully when I have the pleasure of seeing you. I'll let you know when I expect to be in Europe, in the event that you might be there and could arrange to meet with me.

Now, I must thank you again for all the precious gifts that you sent via Mr. Beau! I was greatly touched by your kindness. The pen is a marvel. It is of great service as it suits my poor hands tortured by writer's cramp. It's particularly useful when I need to write more neatly than usual. It is always on my desk. The handsome pipe is, unfortunately, an anachronism! I used to be a heavy smoker and smoked pipes as a student. But on the first of January 1899, while a student in Paris, I made a vow to quit smoking and I have kept it! But, with your permission, I will nevertheless keep this precious pipe in order to give it one day to a smoker who has done me a favor, because in this country one always needs a devoted person to lend a hand. Without someone of this sort, I would not have found the boat that carried Mr. and Mrs. Beau to Port Gentil in time. The head of a colonial firm's repair shop took it upon himself to put the only available boat at our disposal, although at this time of year one usually avoids sending boats to Port Gentil due to the tornadoes which can cause them great damage while in port. There is no way to assure their safety. This man, leaving his work, took the trouble to service the motor meticulously so that there would be no mishaps along the way.

Thank you for all that you sent me . . . The medicines which Mr. Beau lugged with him throughout his trip were very precious. I am still ashamed today to have asked him this favor without considering all the headaches each border crossing must have caused him. Despite the wisdom and experience one acquires over the years, one still makes mistakes due to thoughtlessness.

We very much enjoyed having Mr. and Mrs. Beau with us. But it was a shame that they could only stay a few days. In fact, during those few days I was busier than usual because I had to show the doctor and the new nurses their duties, and attend to the unpacking. The only day that I could have spared to devote almost entirely to Mr. Beau, and to speak to him of matters close to the heart, was sacrificed to wandering about searching for a boat to take them to Port Gentil that night . . . But Mr. Beau told me that he hoped to return to Lambaréné another time. I hope to see him again too, perhaps the next time I am in Europe.

I am not sending this letter directly to you as Mr. Beau insists on delivering it to you in person. Let me once again express my gratitude for sending Mr. and Mrs. Beau ahead as scouts. We will remember them with great affection.

To come back to the question of your search for a site for your work. Naturally, you will consider those countries in South America that you already know. As an American familiar with the country and the needs of the people, you are better able to judge the possibilities and the conditions that you would find there. But never accept onerous or restrictive conditions.

This letter has become longer than I intended. However, I took great pleasure in communicating with you, even by pen, and in letting you know of the great affinity you have inspired in me.

One last word pertaining to the Gospels. The one that best lets us know Jesus as He appeared during His work in Galilee and Jerusalem is Saint Matthew. It is here that we find His words and deeds most fully recounted. It is this gospel alone which permits us to retrace the course of events that led Him to foresee His death as a sacrifice for others, and to press onward toward this death. It is in Saint Matthew alone that we find the Sermon on the Mount and the words and parables that enable us to understand the idea of the Kingdom of God and the central part that it plays in the interpretation of religion. In Saint Mark, important narratives are missing, without which we cannot understand the reasons. And thus I finish on a theological note.

I send you, dear brother and fellow worker, all my good thoughts and best wishes for your success. Please give my regards to your wife. In hopes that we may meet soon.

Yours sincerely,
Albert Schweitzer

Fort Rock Ranch
Seligman, Arizona
16 May 1948

Dear Doctor Schweitzer,

Mrs. Mellon and I just returned from South America to find your very nice letter waiting in the hands of Jack and Anne Beau. It is unnecessary to tell you how delighted we were to see it and them! Since then, the twelfth of May, we have been entertained for four successive evenings hearing of their trip and of your encouraging messages sent to the American neophytes.

Let me tell you, dear Doctor Schweitzer, that your interest and encouragement came at just the right moment for my good wife and me, since the enthusiasm shown by the heads of American medical schools for our getting medical degrees was not encouraging, to say the least! After reading your last letter, I realized that for you, too, the road was not always easy. Alas, they were suspicious of my gray hair, and I did not even try to tell them the truth, that the first signs appeared at age twelve. Too bad!

So that you are able to see that the time spent in recounting your experiences is not lost, here's a little summary that my wife and I have tried to fix in our minds.

"Avoid humiliating situations.

"Above all, stay independent.

"Concentrate on the essentials: anatomy and physiology at the start, chemistry as it applies to medicine, practical pharmacology, physical examinations, all the basics of clinical practice, surgical techniques, and the principles and techniques of urology.

"Don't waste time on specialized subjects like tropical diseases.

"Don't write a pretentious thesis.

"Don't expect to pass your exams brilliantly." *

* This format of the summary of Schweitzer's advice, while different from that of the original letter, is taken from Mellon's own translation.

Your long experience and great empathy give us hope for keeping these points clearly in our minds.

I am sure it will interest you to hear that last week we visited New Orleans, in the state of Louisiana, where within three and a half days we got ourselves registered at Tulane University for the coming semester, enrolled our two youngest in a fine local school (our two oldest are already enrolled in Saint Paul's, an Episcopal high school in Concord, New Hampshire), and, what has become more difficult since the war, we located a comfortable house where we certainly hope you and Madame Schweitzer will come and visit us whenever you are on this side of the Atlantic. (And before I forget it, our new address is 301 Northline St., New Orleans, La.)

As for me, I lack 58 credits to enter Tulane Medical School, while my wife only needs half that many because she already has her B.A. degree. I only completed one year of undergraduate work. Gwendolyn had two years of physics but no chemistry, whereas I have had two courses of chemistry but no physics. Neither of us ever studied biology until this past winter. Now you see the state of our scanty background. According to the advisors at Tulane, it will take two years of undergraduate study for us to qualify for medical school. Although I have more ground to cover, Gwendolyn will also need two years of preparation because she can't begin organic chemistry before passing inorganic chemistry, as well as quantitative and qualitative analysis.

What a great surprise to receive the many beautiful gifts delivered by Jack and Anne! The carved stone figures and the mask worked in soft wood are marvels of primitive art that will decorate our new home. The little black pen holder with a snake and crocodile sits on my desk and stares at me with an evil eye. The fine grass cloth, as well as the hippo tusk and the elephant wisdom tooth lend interest to our fireplace mantel. On delivering the latter, Jack repeated your warnings that the dry climate would explode the big tooth, and I must tell you that before the night was through there was a great bang that woke my wife and sent her searching for the cause—which was none other than the wisdom tooth, which had cracked along its entire length! But of all your kindnesses, that which touched us the most and tells us more than all the other things, is your hope for our visit to Lambaréné, and we are already looking forward to the day when our knowledge will deserve it.

What you wrote me about the book of St. Matthew inspired me to repeat my experience with that of St. Mark, which is to say, to read it in Arabic . . . which is a hard job for me since my knowledge of this language is incomplete. Nevertheless, this exercise furnishes several advantages. First, it requires that I pay strict attention to detail and that my work not be hurried. Second, it obliges me, from time to time, to compare the

Arabic text with my own language to be certain of its meaning, and this process serves not only to clarify the sense, but improves the chance that I'll remember it as well. Third, having never studied Hebrew or Aramaic, I feel closer to Jesus' words by their proximity to Arabic than I do when I read them in English. Last, and this will make you laugh, you must realize that Presbyterians, more than other Christians, carry painful duties and heavy responsibilities, not necessarily, alas, bringing greater spiritual satisfaction! Thus I, too, close my letter, having not premeditated it, "with a lecture on theology." Please excuse me, my dear respected friend, for inferring that this "lecture" contributes to your understanding of religion. Rather, these ideas are due to the Presbyterianism that I absorbed from my childhood, surrounded by my Scottish family!

I hope I have not tired you out by the length of this letter, but you have been so generous toward us and Jack and Anne Beau from all points of view . . . your time, your advice and all the beautiful gifts you sent us, that we would not want to miss any chance to send you, and those close to you, our warmest thanks.

Please believe us sincerely yours,
Larimer Mellon

Doctor Albert Schweitzer
Lambaréné
French Equatorial Africa
28 July 1948

Larimer Mellon and Jack Beau
301 Northline St.
New Orleans 20, La. USA

Dear Friends,

I received via Industrial Labs the receipt (Bills of Lading) for all the precious items that you are sending to the hospital. I was completely overcome by your generosity toward my work. What a help this cloth will be! When I see the native members of my staff walking about in rags, I can imagine their faces when we dress them in the pants and shirts that we will be receiving from you! I can already picture their delight! They are paid very modestly compared to the natives employed by other European enterprises here. Thus, I am particularly pleased to be able to give them decent clothing, thanks to you. And, since they will know that it comes from you, they will bless you.

Once again I have had a lot of work to do because of the pumps. I am making a new room for the nursery (so that we will no longer have all the babies in the consultation room). I have made some new arrangements in the house for white patients. One always thinks that one has finished with these sorts of tasks, and they keep coming back, like the hydra's heads! In this way, we are like a modern-day Hercules.

I still regret not having been able to get free when you were here. But one can't fight destiny.

With my good thoughts for you and your dear wife, and thank you for your many kindnesses!

Yours sincerely,
Albert Schweitzer

Thank you, a big thank you, for the wonderful photographs you sent.

Albert Schweitzer
Lambaréné (Port Gentil)
French Equatorial Africa
20 April 1950
Via *Günsbach*

Mr. W. L. Mellon (Larimer)
301 Northline St.
New Orleans 20, La. USA

Dear Friend,

I often think of those hours of pleasure I had in seeing you because you went to the trouble of undertaking such a tiring trip.* I am grateful to you. It is one of the fondest memories of my trip. I haven't been able to write to you as I would have wished because the last several months here have been extremely difficult. I have often wondered if I would be able to hold up under the strain of all the worries and work. Since mid-February I have had two capable young doctors at my side who have already helped a great deal to lighten my load. What's more, an excellent surgeon has just arrived for several months and will instruct the former in surgery. They are already well along the road to becoming surgeons but still have more to learn, including the most difficult surgical procedures. At this very moment the three of them are performing an operation on a complicated gynecological tumor under the electric light supplied by your generator! How many times have we blessed you for that generator when we had to work in the operating room at night. It is working very well and we keep it up as best we can.

---

* Schweitzer's only visit to the United States was in the summer of 1949, to speak at the Goethe Bicentennial Convocation in Aspen, Colorado. On July 17, Mellon traveled to New York and met Dr. and Mrs. Schweitzer for the first time. He and Dr. Schweitzer spent two hours together walking around Gramercy Park.

Upon my return I was able to appreciate the value of all you sent us. Everything is extremely useful. You couldn't have chosen better. The wire screen has allowed Mlle Emma* to replace the old one, which was full of holes. The buckets are very practical. The white and colored cloth have been put to good use, and everyone is delighted with their remarkable quality. The nurses certainly appreciate the uniforms made from it. The thread has also been most helpful. And the Promine and Hypercilline arrived at the right time, as we had just run out of them. You knew that the packages remained blocked for a long time at customs in Point Noir and then in Port Gentil. But Mlle Emma mobilized everyone and finally everything worked out. My heartfelt thanks for this very precious shipment.

I cannot yet rest. From morning till night I am on call down at the hospital in order to introduce the two new doctors to medical and paramedical work. If things are to work smoothly, the doctors must know how to cope with many things beyond medicine. Currently, I would like to get the hospital functioning smoothly so that it will continue in both my spirit and traditions when I am gone from this world. That is why I am training these two doctors, who are not just coming for two years, but who plan to dedicate themselves to my work. The operation is just over. Your motor has ceased rumbling. And there you are, immersed in your studies . . . These are difficult years for you, as they were for me. But afterwards, a wonderful vocation awaits you . . .

With all my kind thoughts, dear brother, for you and your wife. My wife also sends her greetings, as does Mlle Emma. Until we meet again . . .

Affectionately yours,
A. Schweitzer

301 Northline Street
Metairie Park
New Orleans, Louisiana
28 May 1950

Dear Doctor Schweitzer,

You cannot imagine how much joy your letter with the news from Lambaréné brought both Gwen and myself, first of all, because it confirms the fact that God is keeping you in good health, and second, because,

---

* Mlle Emma Haussknecht, originally a school teacher in Alsace, was the second nurse to arrive in Lambaréné. She was active in nursing and administration, and worked on preserving regional arts and crafts. A close colleague of Dr. Schweitzer's, she was one of the small staff who remained at the hospital during World War II.

since February, you have at your side two young and dedicated doctors. We hope that they will succeed in sparing you all sorts of duties, among them the task of repairing the water pump each time it becomes stubborn and capricious. Maybe what you now need is a mechanic who could maintain the pipes, the famous pump, and other annoying machinery? But take care before answering, Doctor Schweitzer, for you will discover a trap—it is I, the cowboy-mechanic, who would come to your rescue!

Yesterday at noon I completed my first year of medical studies and, as you predicted, I am delighted that I will no longer suffer the bitter disappointments that brought me to the brink of despair on several occasions, at least not the *same* disappointments, for I don't doubt that there will still be others lying in wait!

In short, I am sending this letter to let you know that here in our little corner of the world, we often think of you, dear brother, and of your courageous little wife who will soon be leaving Africa for Germany to recover her health. All our best wishes go with her.

As for us, we still have great hopes of visiting your hospital as you once suggested to me "after finishing my second year of study," one year from now. Would it be convenient for my wife to accompany me at that time? I ask your permission to bring her for I would like her to understand, first hand, the principal problems that occur in equatorial conditions. And you have my word that I am talking about an able, intelligent, and discreet, not to mention attractive, woman.

I think it's useful to tell you that we still have our sights set on Brazil. I am adding this so as to alleviate any worry you may have that we were thinking of overstaying our visit of, say, four to six weeks during my summer vacation, which begins on the first of June and ends around mid-September, 1951.

This coming summer, if all remains peaceful etc. with the communists, I hope to take the whole family to Europe for the month of August and, if possible, we would like to pass by Günsbach in order to meet Mme Martin,* of whom the Beaus have spoken so highly. *Do not inconvenience yourself,* I beg you Doctor Schweitzer, by writing me until a relatively quiet moment becomes available. I will not expect word from you before the end of the summer. Meanwhile, may your work continue, according to the grace of God.

Affectionately yours,
Larimer Mellon

* Mme Emmy Martin, widow of a minister-friend of Schweitzer's, put aside a promising career as a singer to devote her life to the hospital, managing Schweitzer's business and European affairs from Günsbach for nearly forty years.

301 Northline Street
Metairie Park
New Orleans, Louisiana
14 January 1951

Dear Doctor Schweitzer,

Despite the grim outlook of world affairs, my wife and I hope to be able to visit you in the month of June, as long as you still think that our trip would be useful to the hospital. As I wrote some time ago, our studies continue full speed ahead and, to top it off, Gwen (my wife) is now working for the head of the Tropical Medicine Department at Tulane University here in New Orleans. As for myself, I am in the middle of my second year at the School of Medicine. Such is the present state of our studies.

Therefore, please let us know, Doctor Schweitzer, if our presence at Lambaréné would be convenient or bothersome, due to lack of space, or for any other reason. I warn you that if we undertake the long trip it won't be for a week or two, but a month or two, at the least! These are things that must be settled ahead of time. So now you see the importance of stopping our departure in the event you find it inconvenient.

I had the pleasure of seeing Emory Ross* in New York several times and each time I found him very busy in his work at the United Nations. Let us hope that his efforts will not be in vain.

Please accept our warmest regards, dear Doctor Schweitzer, and know that your work shines more and more brightly before the eyes of my compatriots.

Affectionately yours,
Larimer Mellon

Doctor Albert Schweitzer
Lambaréné
French Equatorial Africa
April 1951

Mr. Larimer Mellon
301 Northline St.
New Orleans 20, Louisiana

Dear Friend,

Thank you for your note and the lovely New Year's card. The year has been very difficult for me, up until now. I have had to work beyond

---

* Dr. Emory Ross served as a missionary in Africa for many years. He played a crucial role in establishing the Albert Schweitzer Fellowship in New York City. He served on the board of The Grant Foundation, and was a good friend of both Dr. Schweitzer and Dr. Mellon.

my strength. And my correspondence has suffered as a result. Luckily, Mme Martin helped me out a great deal by writing letters for me during her stay.

I am writing now to discuss with you your project of spending several months here starting in June. I had told you that after arriving at a certain point in your studies it would be important for you to understand just exactly what medicine in Africa is all about. But, at the moment, there may be a complication with this plan. It is possible that I will have to be in Europe this summer. And I won't be back until the end of autumn. At this point I can't be definite, but I must take the possibility into account. This is entirely between you and me, since I cannot make any plans yet. But I don't think you would get much out of your stay if I am not here, inasmuch as the two young doctors, who will be on duty in my absence, are not yet fully trained.

Therefore, I suggest that you not undertake the trip this summer. There is more of a possibility of us seeing each other in Europe. If, by chance, you would like to return to Lambaréné with me in November or the end of October and spend the winter, that would be fine. But perhaps, since you will have to change your plans, it would be wiser for you to continue your studies and come later. The most important thing to remember is that you will only benefit fully from your trip if I am here. Alas, I am a poor creature who cannot fix his plans in advance but am bound by circumstance. And now you, too, must suffer along with me, from what circumstance commands. I will only be able to let you know of my decision in three or four weeks time. But I think I can safely say that there is a greater chance that I will be in Europe than vice versa. But do not mention this to anyone, as I would not like my plans to be made public until they are settled. And it would be just as nice to see you in Europe. Therefore, make your plans accordingly. I cannot write you any longer this evening as my eyes and hand are tired. I often think of you, and I imagine that you must be working hard in order to complete your studies successfully.

With my best thoughts for you and your wife.

Yours sincerely,
Albert Schweitzer

LARIMER MELLON
301 NORTHLINE ST.
NEW ORLEANS 20, LA. USA
29 APRIL 1951

DR. ALBERT SCHWEITZER
LAMBARÉNÉ, GABON
FRENCH EQUATORIAL AFRICA

NIGHT LETTER

NECESSARY TO FIX OUR SUMMER PLANS. MRS. MELLON AND I WILL DEFI-
NITELY BE IN AFRICA JULY AND AUGUST. IF YOU ARE IN LAMBARÉNÉ
WOULD IT BE POSSIBLE TO RECEIVE US OR IN CASE YOU ARE IN EUROPE
WOULD A VISIT OF FIFTEEN DAYS BE PREFERABLE TO THE HOSPITAL
STAFF. PLEASE CABLE ADVICE AND CONVENIENT DATES. GREETINGS.

W. L. MELLON

DR. ALBERT SCHWEITZER
LAMBARÉNÉ, GABON
FRENCH EQUATORIAL AFRICA
1 MAY 1951

LARIMER MELLON
301 NORTHLINE ST.,
NEW ORLEANS 20, LA. USA

WILL BE IN EUROPE 15 JUNE TO END OCTOBER. HAPPY TO SEE YOU
GÜNSBACH.

SCHWEITZER

Doctor Albert Schweitzer
Lambaréné
French Equatorial Africa
1 May 1951

Mr. Larimer Mellon
301 Northline St.
New Orleans 20, La. USA

Dear Friend,

I received your telegram and answered immediately that I would be
in Europe from the fifteenth of June until the end of October and that I
would be delighted to have you both in Günsbach for as long as the two
of you can spare. I am sending you this letter to confirm the telegram. I
hope that we can put you up. If, by chance, I do not have a room available,

you could spend the night at a nearby hotel and then have the entire day with me in Günsbach. It is possible that I may have to be in Switzerland (to record some organ music) or elsewhere. In that case, you should simply come along with me. The essential thing is for us to be together for as long as possible. I'm only writing you these few lines as the river boat, which takes the mail to Port Gentil, is leaving early tomorrow morning. So, see you soon!

With my best thoughts to both of you.

Yours sincerely,
Albert Schweitzer

301 Northline Street
Metairie Park
New Orleans, Louisiana
12 May 1951

Dear Doctor Schweitzer,

I hasten to reply to your good letter of the first of May to tell you how touched Mrs. Mellon and I are by your lovely invitation to join you in Günsbach. If God allows us to carry out our present plan, we will arrive in Liberia around the twenty-sixth of June to do medical research at the Firestone Rubber Company plantations.

When we received your last letter and telegram, we realized that you had decided to leave the hospital at the time that we would be free to make the trip, and that consequently it would be better for us to wait until you were back in residence to show us everything.

What we would like to do, Doctor Schweitzer, is to return to America by way of France. Thus, if we leave Liberia by plane around the tenth of August we would be in France a few days later. We are most eager to tell you of our dreams and talk to you about what we hope our future work will be. It is, of course, useless to tell you how much I would have liked to visit you before going to Africa, but the work at Firestone requires our presence, as well as that of Doctor John Walker,* who has decided to accompany us on our trip. On the other hand, we will be free to make a little trip to France on our way home, and we are looking forward to spending a wonderful day with you in Günsbach! I think that after seeing a bit of Africa the problems that missionaries face will seem a little less daunting to me.

---

* Gwen Mellon worked with Dr. A. John Walker, a malaria specialist, in New Orleans. When the Mellons' proposed trip to Lambaréné was not possible, Dr. Walker suggested that the three of them travel to the Firestone Plantations in Liberia to follow up on studies he was undertaking.

Before leaving New York we are counting on meeting with Emory Ross to learn about his European trip.

Please be certain, dear Doctor Schweitzer, of our sincerity, and know that your Christian spirit often strengthens us in difficult moments.

Affectionately yours,
Larimer Mellon

Albert Schweitzer
Günsbach, Alsace
11 June 1951

Mr. Larimer Mellon
c/o Mr. Emory Ross
New York, N.Y.

Dear Friend,

I sent you a telegram this morning stating that, of course, if you have the chance, you should go to Lambaréné. The staff will be happy to see you there and it would be good for you to get to know the hospital, even in my absence. But I am still hoping that one day you will come for a longer stay when I am there. Hence, this visit will be a prelude to the longer one to come. In any event, I am expecting you, your wife, and any others traveling with you, in Günsbach! I am overjoyed at the prospect. If I am in Switzerland at the time you arrive, you may certainly join me there. I am only writing these few lines as the letter must leave in a minute.

With best wishes to you, your wife, and the children.

Yours sincerely,
Albert Schweitzer

LARIMER MELLON
C/O FIRESTONE PLANTATIONS
HARBEL, LIBERIA
12 JULY 1951

DIRECTOR SCHWEITZER HOSPITAL
LAMBARÉNÉ, GABON
FRENCH EQUATORIAL AFRICA

WOULD LIKE TO BRING WIFE TO LAMBARÉNÉ FOR ONE WEEK. COULD ARRIVE BY PLANE 28 JULY. IF INCONVENIENT PLEASE TELEGRAPH FIRE-STONE PLANTATIONS HARBEL LIBERIA.

LARIMER MELLON

MATHILDE KOTTMANN*
SCHWEITZER HOSPITAL
LAMBARÉNÉ, GABON
FRENCH EQUATORIAL AFRICA
15 JULY 1951

LARIMER MELLON
FIRESTONE PLANTATIONS
HARBEL, LIBERIA

WAIT FOR ANSWER SCHWEITZER GÜNSBACH. LETTER TO FOLLOW.

KOTTMANN

Doctor Schweitzer's Hospital
Lambaréné (Gabon)
French Equatorial Africa
15 July 1951

Mr. and Mrs. Larimer Mellon
c/o Firestone Plantations
Harbel, Liberia

Dear Mr. and Mrs. Mellon,

I just received your telegram and I hope that my answer reached you without delay. Knowing Doctor Schweitzer's great desire to show you Lambaréné himself, I did not answer you affirmatively but instead sent your telegram on to Günsbach. The Doctor will answer you himself.

I was so sorry when you announced your visit to Doctor Schweitzer since you were unaware that he had left. It would be a pleasure to have you here. But let us leave the decision to Doctor Schweitzer himself.

I met Mr. and Mrs. Beau during their stay at Lambaréné and I have such fond memories of them. You are no longer strangers to me because they often spoke of you, and with such respect, that I feel I know you.

I sincerely wish you a good stay in Africa and a joyful trip across our Europe.

Yours sincerely,
Mathilde Kottman

* Mathilde Kottman came to Lambaréné in 1925. For forty-five years she served as an overall helper at the hospital and assisted Dr. Schweitzer with his worldwide correspondence.

                                        ALBERT SCHWEITZER
                                        142 ZURICH CH 17
                                        26 JULY 1951

LARIMER MELON
FIRESTONE PLANTATIONS
HARBEL, LIBERIA

HAPPY TO KNOW YOU ARE GOING TO LAMBARÉNÉ. HAVE A GOOD TRIP.
COME ALSO TO GÜNSBACH.

                                        SCHWEITZER

                                        LARIMER MELLON
                                        FIRESTONE PLANTATIONS
                                        HARBEL, LIBERIA
                                        27 JULY 1951

KOTTMAN
SCHWEITZER HOSPITAL
LAMBARÉNÉ, GABON
FRENCH EQUATORIAL AFRICA

CABLE SCHWEITZER SAID MELLON SHOULD VISIT LAMBARÉNÉ AND
COME TO GÜNSBACH AFTERWARDS. RECENT LETTER CONFIRMS THIS.
NEED TO KNOW IF THERE IS ROOM FOR TWO PEOPLE FOR WEEK INDI-
CATED.

                                        LARIMER MELLON

                                        2 August 1951

Doctor Albert Schweitzer
Günsbach, Alsace

Dear Doctor Schweitzer,

I am hurrying to write you a few words to tell you that at last we have arrived at the hospital and to let you know of the great joy we feel to be here in Lambaréné.

Yesterday, when we got out of the launch, we spied a pirogue coming toward the dock from far upstream. Four Africans were paddling and right in the middle, sitting bolt upright and dressed in white was—as you have already guessed—Mlle Mathilde, coming to meet us. I must also tell you that it was not her first trip that day, because I learned that in the morning an airplane arrived at Lambaréné and Mlle Mathilde rushed to meet it, thinking that perhaps we were aboard. You can well imagine how happy we were to see her!

I already had a pretty good idea of what the hospital would look like but two things still struck me. The first one was the wonderful calm that surrounds it, and the second was its size, something that one can't appreciate from the photographs.

After supper and a reading by Mlle Mathilde, we all went down to the beach to watch a bonfire that had been lit to celebrate the Swiss national holiday (the first of August). Doctor Tanner was there, along with several other people from the neighboring mission. We listened to songs and watched dances performed by the Swiss women in the group. It was a charming and unforgettable evening for us!

This morning I seized the opportunity to be present in the operating room where Doctor Naegele excised a huge scrotum. I also had the chance of seeing him close up a vaginal fistula. Mrs. Mellon spent the whole morning in the laboratory with Joseph [Bisangoi], who helped her set up the microscope she had brought and laid out all the necessary objects needed to stain the slides that we intend to prepare tomorrow. In the afternoon we visited the leper village with Mlle Trudy and Mme Naegele and watched them distribute medications. We hope to arrive in France on the twelfth of August, and at that time I will get in touch with you to fix the date for our trip to Günsbach.

Affectionately yours,
Larimer Mellon

Albert Schweitzer/Emmy Martin
Tel Munster 142
Günsbach, Alsace
13 August 1951

Mr. Larimer Mellon

Dear Mr. Mellon,

It is with the greatest pleasure that the Doctor and all of us here await you and Mrs. Mellon this coming Friday, August 17. Would you be good enough to call or write to let us know if we can expect you for lunch at noon? Should we reserve a room for you in a hotel in Colmar or Munster? Munster is very close by. What a surprise that you have been to Lambaréné! Please forgive the Doctor for not writing to you himself.

See you soon, dear sir.

Yours sincerely,
Emmy Martin

Dear Friend,   :

How can I express my joy [at the thought of] seeing you at Günsbach! I have already had news of your stay in Lambaréné, where everyone was delighted with you. Please try to stay here as long as possible. We will find rooms for you in Munster or Colmar. Thus, until we meet again.

Yours sincerely,
Albert Schweitzer

301 Northline Street
Metairie Park
New Orleans, Louisiana
16 May 1952

Albert Schweitzer
Lambaréné, A.E.F.

Dear Doctor Schweitzer,

Now that the school year is almost over, I wanted to let you know how many times I have thought about the wonderful opportunity you offered me to return to Lambaréné to help in the operating room, and thus learn surgery in a way that would never be possible elsewhere. I will always remember your generous offer with gratitude! Unfortunately, there are reasons that keep me from going to Africa this summer, the main one being that our children still need us *in this hemisphere.* Even if the world is becoming smaller and smaller, at least according to modern historians, it is unfortunate that it hasn't shrunk to the point where a man could simultaneously serve as doctor on one continent and paterfamilias on another.

In an effort to resolve this dilemma, I have decided to compromise—solution of the weak-spirited!—by taking the family to Haiti, where I intend to work with a surgeon friend who is the director at the government hospital in Cayes, a small city located on the southern coast. This will only be for two or three months since I must be back in September to begin my last year of medical school. I have no idea what to expect in the way of surgery and pathology, but I have been assured that there is plenty of work to be done. To facilitate the transportation of the six of us, our clothes and the mobile laboratory that we just put together, I have bought a four-wheel-drive Dodge truck that I hope will help me navigate the narrow, muddy roads of this land. The photo I am enclosing will give you an idea of what we look like on wheels. Mrs. Mellon will act as chief lab technician. The oldest boy will be the courier and will obtain the necessary permits, contracts, etc.; the second son will be in charge of driving the truck and its maintenance. The daughter (sixteen years old) will take charge of food supplies and cooking, while the youngest (who hopes to be a dentist one day) will help his sister with the dishes and his mother with the slides, etc. . . . I don't need to tell you that one can always count on Americans to organize every little thing!

Emory Ross recently wrote and told me how busy you were with visitors to Lambaréné this year. I can easily imagine that there must be times when the outside world is very annoying. But I dare believe that you sometimes find satisfaction in knowing that faraway souls like ours have been touched and inspired by your work.

Please accept, dear Doctor Schweitzer, my gratitude and our most sincere wishes for the continuation of your health and strength.

Sincerely yours,
Larimer Mellon

Doctor Albert Schweitzer
Lambaréné
French Equatorial Africa
30 June 1952

Mr. Larimer Mellon
301 Northline Street
Metairie Park
New Orleans, Louisiana USA

Dear Friend,

Thank you for such a nice letter. You are very kind to send me your news. So, not being able to come to Lambaréné, you are going to Haiti to practice surgery. I find that very reasonable. The most important thing is for you to be somewhere where you will have the chance to practice surgery under the supervision of a good surgeon, since surgery is a specialty that one must learn by apprenticeship. Had you come here, we would have been able to put you up, as I have built an addition of seven attractive bedrooms to the house "Sans Souci"! It is almost finished. A few rooms are already habitable . . .

Doctor Naegele, Mlle Koch, Mlle Zinser (Irmgard), Mlle Jacqueline, Mlle Vreni Ileg (from the kitchen) have all gone home on leave and Mlle Trudi Bochsler will be departing soon. Their replacements have arrived. The surgeon from Strasbourg (forty-two years old), who was supposed to come this week, had to postpone his trip for several more weeks. Two Swiss women have arrived to replace Mlles Jacqueline and Vreni. A new Dutch woman has been working alongside Mlle Aligtmar for several months. Two new nurses should be arriving . . . So, once again, there will be some stability for awhile. I myself will make a short trip to Europe at the end of the summer in order to put myself into my dentist's hands and to make some more recordings for Columbia. Doctor Percy will stay on here for a few more months. He has just come into my room to give me the evening report. He sends his greetings to you both and is wearing the stethoscope that you gave him around his neck. He admits to owing you a letter for quite some time, but I have a feeling that correspondence is not his strong suit. The young American doctor, Doctor Wyckoff, has fit in well. He works mostly with the lepers and also performs operations under Doctor Percy's supervision. Now you are up to date on all the news at the hospital. By the way, we currently have four hundred leprosy patients.

With my best regards to you, your dear wife and the children. And please send my regards to the doctor under whom you are doing your first years of surgery.

Most affectionately yours,
Albert Schweitzer

301 Northline Street
Metairie Park
New Orleans, Louisiana
30 November 1952

Doctor Albert Schweitzer
Lambaréné, Gabon

Dear Doctor Schweitzer,

After a long silence I am rushing to send you these few lines in order that they reach you in time to wish you a Merry Christmas and a New Year full of satisfaction from your good work.

Perhaps Doctor Naegele mentioned to you that I took my wife and our children to Haiti for our three-month vacation. During this time we traveled all along those terrible roads in the truck that served as restaurant, roof when it rained, and mobile laboratory. In geographic terms, I dare say that we now know Haiti better than 99 percent of Haitians, since we systematically crisscrossed it from stem to stern.

Upon our arrival I tried to find out if there was a useful mission for us among the poor, but I must admit my thoughts were constantly on "tropical medicine" and the problems of malaria, intestinal worms, tropical ulcers, etc. . . . It wasn't until the last week of our stay that I realized that those problems are beginning to be resolved thanks to the aid from international organizations such as the United Nations, the Red Cross, several American groups and others. On the other hand, what is not receiving enough attention at this time is the teaching and practice of general surgery at the medical school down there. Therefore, two days before my departure, I arranged a meeting with President Magloire during which I verbally proposed to him what I have enclosed to you in writing under the title "Memorandum." I must tell you that he appeared enthusiastic about the idea in principle and assured me that his government would be at our disposal for whatever help we might need. We shall see! In order to spare you the trouble of reading through it twice, please take a look at the document in question. At present, I am waiting for the official reply from Haiti, since the original of this memorandum was only sent off last week.

My wife and I have decided that the name for this hospital should be "L'Hôpital Albert Schweitzer" if you have no objections. This decision stems from the fact that the idea of devoting ourselves to the sick of the dark-skinned race was not our own but one that has its origins in your work in the Gabon. Moreover, with your permission, we would like our work to remain linked in some way to the brother-institution situated in a corner of another continent—one that illumined our path and helped lessen the doubts and the problems that seemed insurmountable before having been able to study them first hand in Lambaréné.

Among our Christmas wishes for you is this: we hope that the "great doctor" and his colleagues realize that their example is prompting a lively call in America to the enormous humanitarian task that lies clearly before us.

Affectionately,
Larimer Mellon

Memorandum

Creation of a Hospital in the Artibonite Valley

The purpose of the present memorandum is to clarify the principal outlines of a project concerning the creation of a hospital in the Artibonite Valley, intended primarily for the population of that region.

The undersigned, William Larimer Mellon, Jr., has already had the honor of discussing the aforementioned project with the President of Haiti.

Regular Services

The Hospital, although of medium capacity, will constitute a complete medical center:
On the one hand, it will consist of consulting services for outpatients

and, on the other, wards in medicine, pediatrics and surgery (above all, general surgery) for those in need of hospitalization. Except in unusual cases, where patients with sufficient funds can reimburse specific costs, all services will be free; in other words, the sick of said region, in order to be cared for and treated, will not be expected to pay anything, either to the medical personnel or to the Establishment.

Moreover, the doctors in charge of each of the principal divisions will be responsible for the teaching of the Hospital's intern or extern students, in accordance with agreements between the Medical Faculty and the Department of Public Health.

Administration

In the beginning, Mr. Mellon would like to keep the administration as his own responsibility and consequently, under his own authority. If the results prove satisfactory, he would like, eventually, to be able to offer the establishment, in perfect running order, to the Republic of Haiti. Specifically, he would like to be able to freely recruit the medical and technical personnel he deems necessary. It would be essential that said persons obtain, without difficulty, the entry visas, travel and work permits, etc. required for living and working in Haiti, and that they be excused from any revenue tax.

It is understood:

a. that the practice of medicine by foreigners due to this recruitment procedure will not pose any problem. In effect, as all the personnel will be paid by the Establishment, the doctors, surgeons, technicians, and nurses will not receive honorariums and, perforce, will never have a private clientele.

b. that the Establishment will, of course, strive to work in conjunction with the local authorities.

Eventually, Mr. Mellon counts on transferring all administrative power, as well as the Hospital's property rights, to responsible authorities.

Furthermore, it goes without saying that even during his administration, Mr. Mellon shall make every effort to respect the laws and regulations in effect and will always work in full cooperation with the powers that be.

Finances

Mr. Mellon proposes to assume complete financial responsibility for the project. In other words, he will pay for the hospital's construction, as well as running costs.

He is convinced that if this project had the endorsement of the Haitian government, said government would manifest its high level of support by guaranteeing the following provisions, which Mr. Mellon wishes to submit for review:

1. to put at the disposition of the Hospital, in the aforementioned region, the land necessary for construction of the Hospital and Hospital outbuildings, and, at the same time, to guarantee a sufficient supply of potable water.

2. to agree to furnish, as soon as feasible, all the electrical energy that the Hospital will need, at no cost.

3. to guarantee Mr. Mellon all the facilities necessary for the functioning of the institution, such as means of communication, roads, proper drainage, etc.

4. to guarantee him, given the philanthropic nature of this public service enterprise, absolute fiscal immunity from taxes, customs, or duties of any sort that could be imposed at the local or state level.

It would be mandatory that the material necessary for the construction of the Hospital (construction supplies, sanitary fixtures, medical equipment, etc.), as well as pharmaceutical products and other equipment indispensable to the functioning of the Establishment, enter duty-free, paying no tax of any kind.

It should be noted that these exemptions or immunities are requested in order that the sums spent be devoted entirely to the hospital enterprise itself.

All the justificatory papers will be furnished to proper authorities in order to prove that the exempted items wholly and solely concern the Hospital.

Legal Structure and Further Agreements

Mr. Mellon will act in his own name, or through the intermediary of a foundation or other responsible person dedicated to the realization of the project under discussion. He specifies that the present memorandum can only give a general outline of the envisaged project, as the details (statutes of the projected foundation, nature of the regulations, various agreements, etc.) will have to be fixed and clarified later.

Mr. Mellon is ready and willing to put himself at the disposition of the Government of Haiti to discuss and clarify these points more fully.

Very respectfully,
W. L. Mellon, Jr.

New Orleans
22 November 1952

Dr. Albert Schweitzer
Lambaréné
23 April 1953

Dr. Larimer Mellon
301 Northline Street
Metairie Park
New Orleans, Louisiana

Dear Friend,

Thank you for your kind letter dated Nov. 30, 1952 in which I found the good news that you have discovered the place to establish your work. I am very happy for you, since I know from experience what it means to decide where and how to begin. I believe that Haiti, because of its relations with the United States, will give you greater guarantees of liberty than any South or Central American country. Let me tell you how touched I am that your hospital should bear my name. I am truly moved, more than I can say, by this mark of friendship. I wish you all the best for your work. The beginning will be difficult, but you are brave . . .

I read your memorandum carefully. I would not have emphasized the gratuity of your services. I would have stated that the hospital treats the indigent for free but that those who are able to contribute something towards the cost of the medicines they receive should do so! You do not mention the question of food. There, too, I would have said that the poor and those far from their villages would be fed at your expense, but the others should feed themselves or pay for the food that they receive. Be careful not to be exploited—since the colonized or semicolonized have a gift for exploiting their benefactors. Better yet, do not mention the question of food at all and do as you decide afterwards.

I also want to warn you about your promise to teach resident and nonresident students. In order to run your hospital you will have to work at the peak of your strength. The most important thing for you [to do] is take care of the sick and run your hospital. You should only have at your side people hired and paid by you, who owe you their obedience. Do not be in a hurry to have students join you, who will be independent and whom you would have to feed, for they might have a negative influence on your hospital. You must remain the *absolute* master of your establishment, as I am here, otherwise you risk the sorts of complications that could cause untold trouble. You will already have enough to do with the indigent and the locally trained doctors and nurses.

I am very worried that you gave the impression that you would eventually give your hospital to the Republic of Haiti. If I were you, I would not have said anything about this. I admit that they probably won't go so far as to poison you if you don't turn over the hospital when they want it, but they will be tempted to put pressure on you in order to get control of their promised inheritance if they feel that they have been kept waiting too long. And you have no idea what will become of your work when the Haitians run it as their own.

I am telling you my thoughts. Please forgive me for doing so, but it is solely my interest in you and your very fine project that moves me to do so. Don't forget to begin on a small scale, since you might find the site unfavorable and be obliged to move elsewhere.

In other words, be prudent and brave. And let me know, from time to time, how things are going.

I, myself, am once again deep into my work at Lambaréné. I realize more and more what a remarkable helper I have in Doctor Percy. I learned that Doctor Naegele, who is on leave in Europe, is now a French citizen and has been authorized to redo his exams in French. I am very happy for him. I still regret that I was not in Lambaréné for your visit.

With all my good wishes for you and your dear wife.

Yours sincerely,
Albert Schweitzer

Mlles Emma and Mathilde, Doctors Percy and Wyckoff, Mme Martin and everyone you know here send you their warm greetings.

301 Northline Street
New Orleans 20, Louisiana
14 June 1953

Doctor Albert Schweitzer
Lambaréné, A.E.F.

Dear Doctor Schweitzer,

I am taking advantage of Erica Anderson's* kindness to send you this note. Things here and in Haiti seem to be going well. I received your last letter with the useful advice concerning the running of the hospital that will soon bear your name. Please know, dear friend, how grateful I am for the pains you took to digest and evaluate the document giving the broad outlines of the project.

It is probably true that I would have done better not to have mentioned the fact that I'm counting on turning the hospital over to the government or a private Haitian group. My reason, as you have surely guessed, was to inspire in the Haitians a certain pride in the project, as

---

* Erica Anderson, a refugee from Austria, was a renowned photographer who spent many years helping Dr. Schweitzer in Lambaréné and traveling with him in Europe. She and Jerome Hill made the Academy Award winning documentary, *Albert Schweitzer*. Later, she founded the Albert Schweitzer Center in Great Barrington, Massachusetts.

well as some responsibility for its present and future success. I am not defending the position I took against the objections you raised—I simply wanted to clarify why I acted as I did.

I value your idea about starting small, and, with that in mind, I have the following plan: to build an establishment for a maximum of fifty patients but with a frame large enough to eventually accommodate at least one hundred, that is, after I have added wards for another fifty or so.

I am in complete accord on the question of the necessity that those who are able to pay for their own food be asked to contribute something, however little. We also reserve the right to ask for reimbursement of the costs of the operating room (anesthesia, medication, etc.). The only restriction that I imposed upon myself, and that is indicated in the memorandum, is that I, personally, do not receive a salary. The hospital can demand reimbursement and try to recover all expenses it deems fair, but on the other hand, the employees of the hospital (doctors and others) relinquish all right to submit bills. As for the students, interns, etc., I would be just as happy to let that aspect of the program wait until the time comes and I have decided to welcome them. In other words, when it appears that there is sufficient staff to train them (you'll laugh at this point, because you don't believe that day will ever come!) Never mind, I am a congenital optimist.

How many times I have thought of you today! Emory Ross baptized my wife, my two youngest children and myself, and thus we have now joined his church—the Disciples of Christ. Afterward, Dr. and Mrs. Ross entertained us at tea time in their apartment where you and Mrs. Schweitzer received your New York friends.

My wife and I send you, my dear colleague (I can finally use this term! *), our warmest greetings.

Affectionately yours,
Larimer Mellon

LARIMER MELLON
NEW ORLEANS, LA. †
31 OCTOBER 1953

ALBERT SCHWEITZER
LAMBARÉNÉ, GABON
FRENCH EQUATORIAL AFRICA

NOBEL PRIZE OURS TOO

MELLON

* Larimer Mellon received his M.D. degree on 2 June, 1953.
† En route to Haiti.

301 Northline Street
New Orleans 20, Louisiana
20 January 1954

Doctor Albert Schweitzer
Lambaréné, A.E.F.

My dear Doctor Schweitzer,

This letter is being sent from a very happy home. This is always the case, but is especially so now because we have Mlle Emma Haussknecht staying with us. It is truly a joy to have her here. The photos and all the news from Lambaréné make us nostalgic to see you again, as well as all our other friends at the hospital. The number of times that all of you are in our thoughts is countless. Mr. Jack Beau is here too and we are awaiting Erica Anderson's arrival on Friday.

Best Wishes,
Gwen Grant Mellon

Dear Doctor Schweitzer,

Our pleasure in having Mlle Emma with us is enormous. But, unfortunately, I've barely had the chance to greet her properly because of the long hours my internship demands. This week, for example, I am working nights at the maternity clinic—from 6 P.M. until 8 A.M. almost without time to sit down since the deliveries come so fast. Yesterday I delivered eight black babies in fourteen hours work. What takes up most of my time is the paperwork, filling out the records, files, birth certificates, etc., which, as you well know, is less interesting than the medical side of things! Tomorrow I begin my day shift, from 8 A.M. to 6 P.M., which will give me four more hours at home, but in changing from the night to the day shift, I will have to work *24 hours straight,* since it is impossible to find another intern to fill the gap. This will give you an idea of the shortage of young doctors here in Louisiana.

The drawings and plans for our hospital in Haiti are finished, and we expect to begin construction in May 1954. I will write you about this at greater length soon.

Yours sincerely,
Larimer Mellon

The Savoy Plaza
Fifth Avenue 58th and 59th Streets
New York 22, N.Y.
12 February 1954

Doctor Albert Schweitzer
Lambaréné, Gabon
French Equatorial Africa

Dear Doctor Schweitzer,

I can't begin to tell you how many times a day I think of you. Much has happened since I last saw you in Günsbach and even since I last wrote. My life is beginning to feel the responsibility and a little of the strain of being a doctor and an almost-missionary. Without a doubt, fatigue will follow in good time! I'm expecting it, without regret. My heart is so full of joy and gratitude for having the example of your life and work, and for the possibility that, in one way or another, I may be allowed to share a small part of the burden. I am truly seeking to help my dark-skinned neighbors who live in the Artibonite River Valley in Haiti. The circumstances, as you know, are never quite the same, but I want you to know that I hold before me the ideal of a pure soul, such as I conceive it to be. Whenever I get angry—something which has happened all too often—I am ashamed for a long time afterward.

One day in December, while I was working in the emergency room, a big black man came in. He had been superficially stabbed in the leg with a knife. As I was washing the wound I noticed that he was slightly drunk, and when I started to inject him with a needle containing procaine, he became very alarmed and told me so. After a while, not much time measured in minutes, I felt I could stand it no longer. I shook him hard by the shoulders and ordered him to leave the hospital—not without adding a few words seldom heard coming out of the mouth of a gentleman or an ecclesiastic! My shame was such that upon leaving the hospital that evening I sought out the patient's wife and apologized, and asked her to send me her husband in the morning—which she did, and I managed to sew him up without incident. Each time I feel anger rising up in me I think of this poor unfortunate man and the wrong I did him. This is not a "confession," Doctor Schweitzer, but an indication that in wishing to cultivate the seeds of your work, I am struggling to sharpen my own conscience. If one ever succeeds in having a "clear conscience," it must be after many years of practice!

How much we have enjoyed Mlle Emma's company. She has been like a bouquet of flowers in our home. The weakness in her knees and left calf have given her much trouble—especially since it made it impossible for her to complete her tour of the West. But my family was frankly overjoyed that her accident extended her stay with us by six days.

At this time, it looks as if the construction of the new hospital will get under way in May, two months from now, and that it will be ready to receive its first patients by February 1955. My friends tell me that I am too optimistic. But never mind, I was born that way!

I hope that the sketches and the photos of the model that Mlle Emma is bringing you will give you some idea of the hospital that will bear your name.

My wife and I send you our sincerest best wishes for good health, happiness, and strength! We are proud to count ourselves your American children.

Larimer Mellon

The Grant Foundation*
Thirty-ninth Floor
525 William Penn Place
Pittsburgh 19, Pennsylvania
15 June 1954

Doctor Albert Schweitzer
Günsbach, Haut Rhin
France

Dear Doctor Schweitzer,

This afternoon I reread one of the first letters you wrote to me dated 3 March 1948—the evening before Jack and Anne Beau left for Port Gentil. I have reread it several times before, but today I understand better than ever the great sacrifices you have made for others—even for strangers who appear as if invited, asking you questions and wasting your precious time. There is also an even worse race, those who write asking for the kind of advice that requires long and detailed answers. This last sort resembles me a lot. I had asked you whether it was still worthwhile to become a mission-ary serving the poor in tropical countries and, if so, how to go about it. Your answer seems all the more remarkable and complete today since I now have a better understanding of the significance of the question.

My internship finishes in a fortnight and here I am, "ready" (D.V.†) to serve as physician to anyone who might need me. With the passage of time, I am now certain that there is no finer calling than that of offering

* Probably written from New Orleans, but using the new stationery signifying the establishment of The Grant Foundation in Pittsburgh, parent organization for Hospital Albert Schweitzer.

† Deo volente, God willing.

oneself to those who are in great need of both physical and moral healing
—I was going to add "spiritual," but I didn't want to seem like a theologian, at least not yet! That which I have become since 1948, thanks to your
encouragement, is certainly preferable to that which I was before. All the
same, I dare say there is still a long road ahead before I become the man I
hope to be. Your advice and the example of your life are my guide. Forgive
me for confiding these matters to you, but how many good feelings must
get lost forever because one lacks the courage to proffer them!

The members of our project met last week. Mr. King, the architect,
came from San Francisco accompanied by two gentlemen from his office
(an engineer and an accountant). At the same time, Mr. Brun, the supervisor from Port-au-Prince, arrived with Mr. Laws, the engineer representing
the architect in Haiti. We agreed to begin construction of the hospital and
we went over the costs of the material and equipment submitted by the
manufacturers. The contract stipulates that the contractor will be paid cost
plus 8 percent for his own profit, but within a fixed limit. I don't deny
that the hospital will cost dearly. The maximum cost is fixed at $848,000
plus $67,800 for the commission. This figure includes the construction of
the building, three kilometers of pipes (7.5 centimeters or 3 inches in
diameter), a 50,000 gallon water tower, three diesel engines to generate
electricity, and the heavy equipment installed and ready to run. What is
not included is furniture, surgical equipment and laboratory instruments,
stock for the pharmacy, bandages, medications, kitchen utensils, laundry
facilities, dishes, etc. It is my luck that my forebearers made some money,
otherwise I would certainly be on my way to jail! The biggest headache is
that I have been warned that the construction will take at least eighteen
months. I don't dare arrive in Haiti without having a suitable place
equipped for *serious work,* since they are already familiar with that other
brand of medicine!

As for the personnel (what I call the "skeleton staff"), I have what I
consider the minimum necessary to function, except for a chief surgeon
and a mechanic to fix the thousand and one motors, pumps, refrigerators
and the air conditioners on the surgical wing. In this sense I am a bit
jealous of your establishment, since I have had more than a few nightmares
thinking about mine. Two things seem to be working against me—the
competition between hospitals in Haiti is creating a certain pressure, as
well as the fact that from time to time I hope to bring in well-known
specialists, who wouldn't consider operating with anything less than their
customary equipment.

I had the good luck of engaging a highly qualified woman to fill the
post of chief nurse. She has worked for Massachusetts General Hospital
in Boston for the past twenty-nine years. She has been head nurse there

this whole time—in the medical wing from 1928–1930 and in the surgical wing from 1932–1936. Since 1936 her title has been "Executive Assistant to the Director." I am enclosing a picture of her in her American Red Cross uniform, which she wore in England from April 1941 to September 1942. Besides this treasure, I have also found two young doctors who currently serve in the Naval Air Force but who want to resign so that they can work with me in Haiti. One of them is an ear, nose and throat specialist (of Swedish origin) and the other is a woman doctor who served as a surgeon on board the battleship *Constitution* in the Pacific during the Second World War. These two young doctors are engaged and hope to be married this month. My great fear is that the naval authorities won't let them leave on account of the situation in Indochina. I'm crossing my fingers.

You already know, I think, that there are four Haitian nurses here in this country serving in hospitals in New York, Philadelphia, and Boston. They are enrolled in training courses in English and other fields—such as public health, surgery, and anesthesia.

This is already a long letter. Forgive me, I don't wish to add to your fatigue. At the same time, I want to keep you informed about the project that you have inspired and which will bear your name. I will not announce the name of the hospital prior to its dedication, which will probably take place this fall. Is it possible that you might be on this side of the Atlantic and that you could attend the ceremony? It would be a far cry from the truth to give the impression that this project is mine alone!

Gwen and I send you our good wishes and our prayers that your health and strength will continue to light the path which leads to the brotherhood of man and peace among nations.

Yours sincerely,
Larimer Mellon

Doctor Albert Schweitzer
Günsbach, Alsace
14 July 1954

Mr. and Mrs. Mellon
301 Northline St.
New Orleans, La.

Dear Friends,

I am very grateful to have the plans of your hospital. I have already written to say that I think they are very good, in so far as I can judge. You were most kind to Mlle Emma. I can't thank you enough for all you did for her. She was very happy to be with you. I have had much news of you from her. Mlle Mathilde informs me that Mr. and Mrs. Beau will be with you in Haiti! Please greet them warmly for me. I have such fond memories of them. You must now be in the midst of organizing everything. Above all, don't forget to arm yourself with firmness, to insure your independence. With utmost kindness, unite truth to firmness. I shall be happy to learn from you how your work begins. That you should have named your hospital after me touches me deeply, as I believe I have already written. Please take care of your own and your wife's health. As for myself, I am trying to rest because the construction of the leper village exhausted me. It's tragic that at the age of 79 I had to undertake this task. I try to rest while working since I have several manuscripts that I would (and should) finish before returning to Lambaréné. I wonder if I shall succeed. I often think of you and am glad your studies are behind you. It must have cost you a great effort.

I will be in Günsbach until about the fifteenth of September. Then I am going to Norway, Sweden, Denmark, Holland and, if possible, England. I want to be back in Lambaréné before the end of the year.

With warm wishes to you and your wife, as well as the children. And best of luck for the beginning of your undertaking.

Very affectionately yours,
Albert Schweitzer

Kings House Jamaica
15 December 1954

Doctor Albert Schweitzer
Lambaréné, Gabon
French Equatorial Africa

Dear Doctor Schweitzer

My wife and I are here in Jamaica with Dr. Emory Ross on our way to the United States. Governor Hugh Foot and his charming wife, who have been friends of Dr. Ross for some time, are our hosts. We will be here for two days and have been promised a visit of this colony's hospitals.

Doctor Ross showed me your kind telegram with your best wishes and your assurances that you were thinking of me last Saturday during the laying of the cornerstone for Hospital Albert Schweitzer. I, too, was thinking of you, Dr. Schweitzer, on that day and over the last three days since the dedication. I believe I understand perfectly well why you couldn't come and participate in the ceremony. There is no need to tell me how long and tiring your days must be! Since the dedication I am beginning to have an idea of the weariness you must feel, as well as the weight of responsibility toward those who wish to speak with you. Having adopted some of your principles and, I hope, a speck of your philosophy, it would seem that our hospital has attracted much interest from the Haitian and the American press. The enclosed article just appeared in *Time* magazine. Now that this first step is behind us, I will return to New Orleans to do a short residency in internal medicine before packing up definitively for Haiti, probably in the month of June. Jack Beau will be joining us as administrator.

I owe you a great deal, Doctor Schweitzer. I keep before me the example of a life of sincerity and usefulness. I try my best to act according to the dictates called forth by reason and concern for my neighbor.

In another envelope I will forward you, as a gift from the author, a book on *Haitian Diseases,* by Dr. Ruly Léon of Deschapelles (the area where the new hospital is located). You should also be receiving copies of the talks given Saturday by Dr. Ross and me.

Affectionately yours,
Larimer Mellon

Speech given by Larimer Mellon at the Dedication of Hospital Albert Schweitzer at Deschapelles, Haiti, 11 December 1954

Your Excellency, My Grace, Ladies and Gentlemen,

We are gathered on these premises not only for the dedication of a hospital but also to pay tribute to the person who inspired this work, one of the great minds of our day. I am alluding to Doctor Albert Schweitzer. It is because of his Christian goodness, his hard work and his intelligence that we perceive the reasons for which each of us is morally obliged to act in the service of humanity, by bringing help to all life that suffers, to prolong life to the extent that we are able and to protect the life of our neighbor.

I am sure that Doctor Schweitzer, at the age of 80, would be among us this afternoon if he hadn't considered it more important to finish, as soon as possible, the construction of a leper colony that was started several months ago.

It is with profound gratitude that Mrs. Mellon and I recall the thoughts of all the friends who have contributed to this hospital project in the manner in which they saw fit. These pages which I hold in my hand attest to the great number of friends and the many ways by which they saw fit to lend us their support. In recognition of their generosity and their strong desire for the success of the hospital, their names will be put into a bronze box and sealed in the cornerstone of the building. (Here I thank the friends who contributed to the project, the workers, and those who left or sold a part of their property in order to make room for the hospital).

The goals for the hospital are essentially three. The first and foremost in importance is treatment of the sick from Deschapelles and neighboring areas of the Artibonite Valley. Second, we intend to encourage foreign specialists from various branches of medicine to visit Haiti. We will seek to organize medical conferences to demonstrate operating techniques and to discuss their implementation. Finally, in order to resolve problems in public health, the staff will encourage an interest in work and cultivate a sense of responsibility, especially amongst the young, by the dissemination of information concerning hygiene, as well as other aspects of disease prevention.

The Board of Directors will seek, and hope to attract, the collaboration of a certain number of Haitians who, by their character and training, will have shown the desired aptitude to fulfill the task in question. If our projects are to succeed, we hope to see the day when the Hospital Albert Schweitzer, under Haitian direction and as Haitian property, can continue to function efficiently, without outside aid.

Without doctors, nurses, and personnel dedicated to serving humanity, this establishment would fall well short of our dreams. A modern building, well-equipped from a diagnostic and therapeutic point of view does not, properly speaking, constitute a hospital, even though it could be seen as a useful instrument in a beautiful shell. Even staffed with well-trained medical personnel, such an institution might be a dismal failure, unworthy of the name "hospital." Besides buildings, equipment, men and women, hospitals require food and medicine administered with patience, intelligence, and Christian devotion. It is only with these qualities that this hospital will deserve the name that it bears. My wife and I are dedicating ourselves to this task. May the flame of "Reverence for Life" continue to burn until it has consumed us with a sincere and profound concern for all life that suffers.

Speech given by Emory Ross at the Dedication of Hospital Albert Schweitzer at Deschapelles in the Artibonite Valley of Haiti, 11 December 1954

Our Lord, when He was on Earth, performed miracles, miracles of several kinds, some of which have never been accomplished since.

But there is one kind of miracle that has been repeated many times through the ages. That is the miracle from which has come profound transformations in the minds and the souls of man. Humanity has evolved. Minds have opened and enlarged. Souls have been changed from within.

This miracle of change within man, repeated throughout the generations, has contributed more than any other power to liberate man, by redirecting his body, mind and soul to the transformation of our world.

It is in this miracle that man not only *can* participate, but one in which he *must* take part. From the outside come great forces, enormous influences. But, in the end, it is only from within that the heart is moved, that the soul acts, that man is changed.

This miracle of a redirected spirit, of a newly focused life, of newly released power, is the miracle that can be and is repeated countless times in every generation. If progress in human affairs is to be made, it is by this miracle in the hearts of men, this changing of individuals, this reshaping of the mind and this new direction of spirit.

We are united here today, modestly and humbly, in the presence of such a miracle, the kind of miracle within mind and soul, that can be stimulated from without, but that man must complete himself from within, with the help of our Lord.

In the month of November in the year 1947, *Life* magazine in New York published an illustrated article about Doctor Albert Schweitzer, philosopher, theologian, musician, doctor, and about his forest hospital on the edge of the Ogoué River in the Gabon, French Equatorial Africa.

It was a simple story, based on facts, giving a glimpse of the work of one man and his associates in the African forest. Several million people undoubtedly read that story. Perhaps some were inspired by the new ideas and attracted to the new goals. A great number were perhaps simply touched, if at all. We can never know the full extent of such an event.

In the southwest of the United States, in the state of Arizona, a 37-year-old-man read this article. He, like many other Americans, had never heard of Albert Schweitzer. The *Life* article moved him. The influence from without acted in combination with the accumulated influences of his entire past. Inside, new ideas came to light. His spirit opened to new horizons. His soul felt a new aspiration: a future of Christian medical service to people in need.

We are gathered here today for the dedication of the building rising before us. To me, there is always something miraculous in the erection of new buildings, destined for new uses, in new places.

But the fundamental and real miracle, the result of which we are seeing today, is the touch of spirit upon spirit, taking place across an ocean, thanks to an illustrated article; the birth of a new idea in a new place; the acquisition of new skills for a new career; the dedication of a man to new goals in a new environment. This is the great miracle of physical and moral change that man can accomplish in concert with his Maker.

Mr. Larimer Mellon, Jr., sold his farm shortly after having read the article in *Life*. With his wife and his four children, he moved to New Orleans and began his long studies and training from which he would gain the professional competence he was determined to possess.

His wife sought no medical degree, but worked with equal diligence to acquire laboratory and nursing techniques, and studied hospital organization and administration. The four children, with the example of their parents vividly before their eyes, were inspired in their studies.

During the summers of these work-filled years, the members of this family traveled to South America, Africa, and Haiti to study disease and its remedies. In the last days of their visit to Haiti they came into this valley of the Artibonite. They learned that agricultural development here was imminent. The valley and its people were about to see their way of life change.

For men to live creatively and beneficially at all times, but perhaps especially in times of great physical and material change, requires many miracles of individual change and growth. The foundations of a good life are both physical and spiritual. The miracle of human change embraces both body and the soul.

The vision of a little hospital, modest but good, was born, equipped for both clinical work and teaching, to improve community health while developing preventative medicine in the Valley.

It would be a private institution, founded on Christian principles, but wishing to maintain, to the highest degree, cooperative relations with the government and with the economic and educational institutions in the Valley and in the Republic. It would be destined for eventual absorption by the community itself. It would be an earnest expression of mutual confidence, of human sharing, of universal cooperation that our world so sorely needs. And that our religion demands from us.

An audience with His Excellency the President was sought and obtained in Port-au-Prince, and with the Minister of Public Health. The principles were agreed upon. The Legislature acted favorably. Plans were drawn up. Construction began.

Early on, Mr. Larimer Mellon wrote to Doctor Albert Schweitzer, whom he had come to know in spirit and in person. He wrote to him about the chance that led him to read the *Life* article, of the influence that the work in Lambaréné had on his thinking, and of the hospital planned in this Haitian valley. He requested his permission to use the Schweitzer name in the Artibonite Valley, symbol of the power of spirit capable of crossing land and seas. That permission was granted, in these affectionate and grateful terms:

Let me tell you how touched I am that your hospital should bear my name. I am truly moved, more than I can say, by this mark of friendship. I wish you all the best for your work. The beginning will be difficult, but you are brave. . . .

Your devoted,
Albert Schweitzer

Today we witness this dedication. Indeed, we take part in a triple dedication. Dedication of the ground and buildings, the physical properties within which this new work will take root.

Dedication of the Republic's agreement and assistance, and the public and legal elements with which corporal life and action are assured.

Dedication of the spiritual commitment, of the professional preparation, of the material means of a father, a mother, of a family, in a new Christian service, dedicated to others and realized with them.

In all of this, there is a miracle, nothing less. But it is a miracle that everyone may share, indeed, that all may accomplish with the help of their Lord.

In this undertaking there will be neither worker, nor patient, nor doctor, nor nurse, nor friend who could not accomplish in his own life this miracle of the newly opened mind, of the lifted spirit, of the redirected life, of better serving oneself and others. The miracle of love, Christian love, in the service of mankind.

He who gives receives bountifully. His cup is full and runneth over. The good life transformed is the never-ending miracle, the all-powerful miracle, for in it, God multiplies His divine power.

In His name, we dedicate this undertaking. Invoking His blessing, we name it Hospital Albert Schweitzer.

We pray to our Lord that all those associated with this Christian work in the future may have both the strength and the broad vision from which miracles are acomplished in the hearts of men.

Doctor Albert Schweitzer
Lambaréné, Gabon
French Equatorial Africa
9 January 1955

Doctor Larimer Mellon
301 Northline Street
New Orleans 20, Louisiana

Dear Friend, dear Brother,

Thank you so much for your very good letter of 15 December in which you describe the laying of the cornerstone at the hospital that bears my name. I was certainly thinking of you, and I thank you for the trouble you took to tell me all about the ceremony. I find it wonderful that Dr. Ross participated in the festivities and spoke in such a simple manner, but with such feeling and understanding. What a friend we both have in him! He knows how to express things so well . . . I read his dedication speech with emotion. Thank you, too, for the beautiful photos that you sent. I gathered from the photographs and your letter that Mr. Beau will be the hospital administrator. I assume that he will oversee the construction. When he was here, he never imagined that one day he would be administering a hospital. Enclosed is a little note for him. Thank you for the book on Haitian diseases that you mentioned. I returned to Lambaréné on December 30, very tired. I hope to rest here. My poor hand will not let me write you as I would wish. A thousand good wishes to you, your wife, and the children.

I am so happy that Dr. Ross has become your friend, too. Let me tell you, once again, how touched I am that you wished to name your hospital after me. I took good note of the fact that the cornerstone is marked A_S.*

Yours sincerely,
Albert Schweitzer

301 Northline Street
New Orleans 20, Louisiana
17 May 1955

Doctor Albert Schweitzer
Lambaréné, Gabon
French Equatorial Africa

Dear Doctor Schweitzer,

During the coming month we will be packing up to leave the U.S.A. and settle in at the Hospital Albert Schweitzer in Haiti. My whole family is anxious to get there. The first job will be to plant fruit trees and vegetables. Our second will be to build a large chicken coop with enough room for ducks and turkeys. Another kind of food that I think I can produce is fish—probably carp—which we are going to try to raise in a pond that I will build this summer between my house and the hospital. I have already chosen the spot, close to a ditch with a lot of fresh water. The Haitian government has given me 117 fruit trees as a gift.

You will be happy to know that construction is progressing nicely and that everything seems to be advancing apace. At this point, the archi-

---

* Schweitzer's customary way of signing his initials, as also embroidered on the smocks at Lambaréné.

tect says that the building will be ready to receive the first patients by next January.

In the beginning, I hope to start work with three doctors and myself. For nurses, we will have an American chief of nursing (or supervisor) whose photo I sent you some time ago, plus Mrs. Beau and the four Haitian nurses who have been here in the United States for two years for further training or "perfectionnement," as they call it. Of the four doctors, two are surgeons. There will also be, I hope, a Haitian dentist at least two days a week, but I have yet to find this person.

I was very touched to hear that a businessmen's club of Baton Rouge (the Lions Club) has offered to do an annual drive to support an eye clinic at the hospital. Also, the University of Pittsburgh, in Pennsylvania, has notified me that it is willing to supply me with a third-year resident in ophthalmology for a six-month training period, who would then be replaced by another for the following six months, and so forth.

It seems that everyone is trying to help us! One of the ladies clubs at the New York "Disciples of Christ" church is sewing sheets, covers, and wraps for the operating room. Another group (Lions Club again) wishes to send us used eyeglasses that would be repaired and repolished. All the sheets (12 dozen) were contributed by someone from New Orleans whose name I don't even know yet. This show of confidence in the new hospital is a reflection of the high regard in which people in this country hold you. We will struggle to be worthy of that confidence!

The fatigue that is weighing on you these days was apparent in the letter you sent to Emory Ross, which he kindly read to me. It worries me a great deal, dear friend. Therefore I beg you *not* to take the time to answer this letter. I am only writing to keep you up to date on important events here.

As always, yours sincerely,
Larimer Mellon

My wife and I often speak about Madame Schweitzer. We pray that her health can withstand the Equatorial heat.

Doctor Albert Schweitzer
Lambaréné
French Equatorial Africa
7 July 1955

Doctor Larimer Mellon
301 Northline Street
New Orleans, La.

Dear Brother,

Thank you so much for the news that you gave me of yourself and the hospital. I often think of you, and I tell myself that you are now discovering what a heavy burden of worries a hospital represents for its founder and the one responsible for its functioning. And the biggest worry is finding the dedicated physicians that one needs. You will carry this burden, as I now do, for the rest of your life . . .

I had some very sad months at the end of 1954 because I couldn't find a doctor who had the qualifications that I was looking for. There were some who were willing to stay a year or a year and a half. But they were not acceptable because I need doctors who can come for several years and who will devote themselves to the work. During the past few weeks I lost yet another very capable doctor, who bore the name of Schweitzer and who was related to me. He is on leave in Alsace and has become engaged to a woman who doesn't wish to come to Africa. I was desperate, not knowing how I would replace him at the last minute. And then not one, but two doctors offered to come to my hospital long-term. They are both very nice and their penmanship inspires confidence. When you hire someone, I tell you, you must consider their handwriting. And if you are not an expert, you should consult a graphologist. This will save you many a disappointment.

I read with great interest everything you wrote about the progress of your hospital. I am happy that you have Mr. and Mrs. Beau beside you, once again. As they are people whom you can trust, they will be particularly helpful. I am reassured to know that they are there with you. Please give them my best. We haven't forgotten them in Lambaréné.

Yes, all cruelty in the slaughterhouses must stop. There is still much to be done about this throughout the world. Thank you for the photograph with "A$_S$ 1954." I cherish it dearly. My wife and I send our warm regards to everyone.

Most affectionately yours,
Albert Schweitzer

Saint Marc, Haiti
21 August 1955

Doctor Albert Schweitzer
Lambaréné, Gabon A.E.F.

Dear Doctor Schweitzer,

Your letter dated the 7 July bears a postmark from Lambaréné with the'date of 30 July. I received it on 15 August from Louisiana where Jack Beau forwarded it to me. In the last two weeks it has traversed quite a number of seas! I don't need to tell you how pleased my wife and I were upon receiving your letter and that of Mlle Haussknecht. I had heard that you had an accident in Port Gentil, and I was comforted to know that you were walking again. However, Mlle Emma did not tell us that her knee was completely healed. We hope that is the case.

Here, construction of the hospital continues apace, although we are almost thirty days behind schedule due to the heavy rains that have made the earth too soft for the wooden posts that are supposed to support the concrete roof. Luckily, we foresaw this *before* the concrete was poured. Finally, after waiting a month, the roof was poured, straight and even. Now the concrete has dried without cracks or waves, the supports have been removed, and more than 75 percent of the roof is finished. It rests on cement columns reinforced by steel bars that were poured at the same time as the roof. The roof is eight inches thick and the weight over each twenty-five-bed ward exceeds two hundred and fifty tons. According to our engineers, it was designed to withstand earthquakes, which are quite common in Haiti. With fourteen feet between floor and ceiling, air can circulate freely and the rooms are cool even at noon when the temperature outside gets up to 38°C. The walls will consist of a series of adjustable glass louvers, or "jalousies." Despite the delay caused by the rains, the engineers insist that the hospital will be ready to receive surgery patients by the month of January. Our small "staff" of four doctors plans to be here in December to get settled in and to organize the laboratory, clinic and pharmacy.

We have been very busy these past two weeks trying to find a rich piece of farm land which would assure food for both the patients and the staff. We finally decided on 50 hectares, or 160 acres, of good, flat, arable land that can be watered from a canal: the water enters the canal from a little river that is a tributary of the Artibonite River. If necessary, we can always get water higher upstream on the Artibonite. The land we have chosen belongs to the Haitian government and we have been led to believe that they would be willing to put these fifty hectares at the hospital's disposal. Presently, eighteen families occupy this land. They live off their farming and pay the government approximately thirty-five gourdes, or $7.00, per hectare annually as rent. If we can manage to get this land, I hope to employ these farmers to grow grains and vegetables, and to fatten cattle. I have been led to believe that the present occupants would be happy to work in exchange for half the harvest. Inasmuch as we will not be required to pay rent or other taxes, the peasants won't have to pay the $7.00 per hectare rental fee. This will be a great advantage to both the hospital and to them.

In June, just as I was due to leave for Haiti, my doctors in New Orleans discovered a gastric ulcer that kept me in bed for two weeks on a diet of milk and cream. After thirty days of rest and a liquid diet, the x ray was completely negative and, since I had never had any symptoms to begin with, they pronounced me cured. Since the twentieth of July (six weeks after discovering the ulcer) I have been eating almost everything, and I feel hale and hearty from every point of view. When I return to Louisiana in September for a few days I will have an x ray checkup done on my stomach. All the same, I expect all trace of the ulcer will be gone.

Thank you, Dr. Schweitzer, for your last letter. I hope that the two doctors who wrote to you are dedicated and well trained for the work they hope to do. I am beginning to understand the difficulty of finding and keeping good personnel! We send you our affectionate regards. Don't forget to greet Madame Schweitzer for us.

Affectionately yours,
Larimer Mellon

P.S. It might interest you to know that these two photos, taken from the top of the water tower, together make up a panoramic view toward the east and show (in the distance) the road that leads to the hospital. L.M.

Saint Marc, Haiti
21 August 1955

Mlle Emma Haussknecht,
Albert Schweitzer's Hospital
Lambaréné, A.E.F.

Dear Mademoiselle Haussknecht,

I cannot describe the joy that your letter and the one from Doctor Schweitzer brought us this week. It raised our spirits greatly to know that you were thinking of us here in Haiti and that, despite all your preoccupations, you are following our news as I send it to you. I can assure you that, over here, we think of Lambaréné every day. With each new problem that presents itself—and they are many—I constantly ask myself, "What would Doctor Schweitzer do in these circumstances?" In general, it seems to me that the answer is quite clear, and one could say I follow the advice which comes to me from across the sea.

I have just asked a local agronomist if walnut trees grow in Haiti and he assured me that they cannot, due to the heat and the fact that the seasons are too alike for this sort of tree. However, the mangosteen is known and appreciated in Jamaica and it would surely be a success here too. I wonder, however, if it wouldn't be easier to send seeds. Nonetheless, if you know someone who is traveling to America by plane, I would appreciate it if you would send me a small plant from Lambaréné, otherwise the seeds could be sent directly to Haiti in an envelope. It would be much more complicated to send them to me in the United States, since the Department of Agriculture there does not permit unrestricted entry of such things, and they would give me no end of trouble! Whereas here in Haiti, one may receive anything from abroad with open arms.

I was surprised to hear that your left leg (if I remember correctly) troubled you up until last December. I hope that your knee is well recovered by now and that the Doctor's accident is also a thing of the past. This summer we had an accident in the family that didn't end up too seriously but that made us worry quite a lot for two or three days. Billy, my oldest son, was driving a car on the second of August with five other young people (all boys) in it. As it was raining and he was going a little too fast, the car hit a large piece of concrete on the side of the road. All six of them lost consciousness for a few minutes. Billy fractured two ribs and ruptured the left pleura, causing a spontaneous pneumothorax on the right side. Another boy, a young Haitian dentist who was supposed to leave for New York the next day, fractured his right thigh, and yet another one fractured a leg, but fortunately without dislocating the bone. Only the dentist remains bedridden with his leg in traction now. The others are up and about, thanks to the grace of God. The car was completely ruined. The only thing worth keeping was one tire! By a stroke of good luck, Gwen had just insured the car and its passengers against all accidents and up to the maximum amount eight days previously. Sometimes I have to admit that my wife is not so foolish!

Please give Gwen's and my best wishes to all our friends. Above all, please send our greetings to Mlles Kottmann and Koch, and to Mlle Silver if she is still with you in the Gabon.

Little Ian and Jenny, as well as my wife and I, send you our affectionate greetings.

Larimer Mellon

Postscript to a letter from Ali Silver*

27 May 1956

Dear Brother,

From time to time I hear about what you are doing. Most recently I had news and photos of your hospital from Mme Erica Anderson. She wrote me that your hospital was very well built. I often think of you. When I am concerned about finding good personnel, I am reminded that you are already familiar with this worry. When I have reason to defend my rights against the government, I think that, you, too, already know something about this. But don't let yourself get discouraged. The most important thing is that the morale of your colleagues be good and that they seek to do your will. Above all, don't make any concessions to them. They should do what you think is right. Be pleasant but firm. Your hospital must be what you want it to be, and your staff should be like a family, where the spirit of cooperation reigns. It's a difficult tradition to create . . .

We are so sad to hear that Mlle Emma is sick. I still can't quite believe that she is no longer here by my side . . .

Since my return to Lambaréné I have been crushed by work.

All my best to you, your wife and children.†

Most affectionately yours,
Albert Schweitzer

P.O. Box 4
Saint Marc, Haiti
3 June 1956

Albert Schweitzer
Lambaréné, A.E.F.

Dear Doctor Schweitzer and friend,

I hasten to tell you how happy I was to receive the letter from Mlle Silver yesterday with the note from you attached. I am glad that Mme Anderson gave you our news and that she described to you, to a certain extent, the problems I have had finding suitable personnel for the various jobs. It hasn't always been easy but, despite it all, I am not discouraged. I am convinced that the hospital will be ready by the end of this month. The combination of devotion and intelligence are not always found in the same soul, alas! When I read your remark about the fatigue you are feeling

---

* Ali Silver was a Dutch nurse and trusted aide at the Schweitzer Hospital in Lambaréné. She was particularly fond of animals.

† This postscript, except for the paragraph about Mlle Emma, was recopied in Larimer Mellon's hand, indicating that he felt the advice was of great importance.

these days, I felt a deep sadness for you, and relief that my own little problems were so insignificant. Fortunately, encouragement is contagious!

This afternoon I am alone in my new home, which is one hundred meters from the hospital. My little black dog, "Peachy," and the cook, "Gilberte," who you will no doubt see in Erica's photographs, are the only ones around. My wife has gone to Port-au-Prince to meet the architect, who is coming to make his final inspection. This peace allows me time to think and to share with you, by pen, some thoughts that have recently occurred to me.

Among our group, there are a few people who do not share the same ideals as I, and which I consider to be yours. After thinking about this for several weeks, I have decided to dismiss one of these people, a Haitian nurse, who has just spent two years in the United States "perfecting herself" (as the French say) in anesthesia. Unfortunately, during her stay she learned more about her rights than her duties. I wasn't able to do otherwise because she was becoming unbearable and inciting her fellow workers about work hours, time off, and even the transportation system that I had set up between the hospital and Saint Marc. The other person is a woman doctor who is the wife of another doctor. She was working mainly in anesthesiology (up until now the anesthesiologists have caused the most trouble!). Since she was hired in August 1955, she has stated on several occasions that she wants to make a lot of money, and that her interest in medicine is limited to practicing the kind of science she learned in her training. She claims to scorn any kind of humanitarian appeal from the patients. All the same, I thought that these statements came out of a sort of bravado, which she was using to shock her husband and the rest of us, and that they didn't really represent her true feelings. But I am beginning to think I was mistaken. In any case, I am keeping an eye on her and when we start treating patients I will be able to verify my suspicions before taking any action. The idea that one can always have a change of heart holds me back, and I waver between Christian charity and weakness. The difference between the two is not always so clear!

But enough of my local problems! I only hope that you will be comforted in the knowledge that I often think of you in seeking to avoid the pitfalls lying in wait along the missionary's path.

To refresh myself during my "free" time (up until now), there is swimming at the beach at Montrouis, fifty kilometers from here, the sound of your organ on Columbia Records, and the study of Hebrew, which I began nine months ago and which already allows me to read the Bible without too much difficulty. I even have the New Testament in Hebrew, which is more interesting to read than Greek, because it seems to me that the words of Jesus are rendered more faithfully in a Semitic tongue. I realize that the Hebrew from the New Testament was translated from

Greek but, all the same, I think it is too bad that we don't have Jesus' words in the language he spoke. What he uttered was surely more Hebrew than Greek!

As in a previous letter, I am taking leave of you, dear paternal brother whom I so admire, on a theological note. To tell the truth, I no longer know what studies I should have pursued to work here more effectively— plumbing, carpentry, accounting, law, theology or agronomy—a little of each doesn't hurt at all!

Please thank Mlle Silver for her kind letter and tell her how pleased I would be to receive some mangosteen seeds. I wrote to Mlle Emma some weeks ago but haven't received an answer yet. We think of her often and are waiting for good news.

> Faithfully yours,
> Larimer Mellon

My wife and I send our best to you, Madame Schweitzer, Mlles Silver, Kottman and Lagendyk, not to mention Dr. and Mme Percy and Joseph from the lab, too. Greetings to them all. L. M.

> Doctor Schweitzer's Hospital
> Lambaréné, Gabon
> French Equatorial Africa
> 26 August 1956

Mr. Larimer Mellon
P.O. Box 4
Saint Marc, Haiti

Dear Brother,

I am taking advantage of Mme Erica's letter to send you greetings. In my thoughts, I have written to you once or twice because I haven't forgotten you and can easily imagine all the problems that can arise in your situation. In fact, I understand from Mme Erica that difficulties of all kinds have not been in short supply. The greatest worry is always finding well-intentioned personnel who can live together in harmony. So, as of mid-July all of the construction was finished and the medical service could begin. That's a great deal accomplished already . . . I hope that you are not tiring yourself out too much.

I send my best wishes to you and your dear wife.

> Affectionately,
> Albert Schweitzer

The death of Mlle Emma has been a great sorrow for me. She can never be replaced. You knew and appreciated her. She was an admirable person.

Doctor Schweitzer's Hospital
Lambaréné, Gabon
French Equatorial Africa
29 October 1956

Mr. Larimer Mellon
P.O.Box 4
St. Marc, Haiti

Dear Brother,

I wish to speak with you about Dr. P. who has been with me for several years and who may, perhaps, ask you if there is a spot for him at your hospital. Here is the reason that leads him to look for another position. His wife left him four years ago for reasons to which I'm not privy and went to live in Switzerland. Her husband gave her enough to live on. Recently, when he went to Europe on leave in January 1956, he had an affair with another woman whom he wishes to marry and will do so when he has obtained a divorce from his first wife. But he believes that it is his duty to live with the woman with whom he has become involved over the last several months in France, because she divorced her husband (who is a wood merchant in Gabon) in order to live with P. We know this woman. She is, at heart, a fine woman, from a cultivated background. If they marry, they will make a good pair.

Since we all live together here as a family, I cannot welcome him back with a lady to whom he is not legally married. At your hospital, the doctors and nurses don't form a big family, as they do here. Your doctors have their own lodgings. Therefore, would it be possible for Dr. P. to come with this lady, whom he considers and treats as his wife and hopes to marry, while waiting for his divorce to become final? Here in Lambaréné, everyone would know that they are not legally married, but there, at your hospital, no one would have to know.

In the case that you could accept Dr. P. under these conditions, you would be making an admirable acquisition for your hospital. He is truly a remarkable doctor, with broad knowledge. He is remarkable in both general and internal medicine and as a surgeon. He is an indefatigable worker, thinking only of his duty. He is well liked by the nursing staff because he is always respectful and friendly. He is always pleasant with his colleagues, too, never letting them feel his superiority. And he is a leader, with all the requisite qualities. The two doctors who worked with him for over a year miss him a great deal. He was always very good to them and they learned a lot from him. I understand their regret, because I, too, had a great fondness for him. If you accept him, your hospital will function in the best possible way and if, by chance, you can't find other doctors for your hospital for a time, he will take on those extra duties as well, as has happened here in the past. He is a superb organizer. I am losing a great deal by not letting him return here because he is not yet legally married to the lady. My life will be much more difficult than before. But if I must lose Dr. P., I would like you, by taking advantage of his talents, to have your life become easier.

Even if you now have a full staff, I would advise you to hire him. He will only ask for enough to live on. And as soon as an opening develops, you can appoint him, even if he has to take a second-or third-rate position in the meantime. The most important thing is that he be allowed to live and to work. You will see that his wife is really "someone," and with her education and her taste for work, she might be helpful to you too.

The big question is: can you obtain authorization for him to live and work in Haiti? Dr. P. is originally Hungarian. He has his doctor's license and his medical degree from Hungary. He was a neurosurgeon there. When the Russians came in at the end of the war he fled with his wife to Switzerland. There he was not permitted to practice medicine. He had to earn his living doing electrical engineering. He has a lot of knowledge in this field. Our radiology machine was installed by him, as well as the motors and all the other machines in Lambaréné. It's a great advantage. He maintains all the machines and motors in the best of condition.

When he was in Switzerland, I heard about him from one of my Swiss nurses who was on leave there, and who met him when he was repairing an electrical appliance in a sanitorium. I went to see him and hired him immediately. I have never had to regret it. The governor-general of French West Africa, who was my friend, made it possible for him to come to Lambaréné and to practice medicine with his Nansen* passport, issued, I believe, in Switzerland. It should also be possible that, with this passport, which is valid throughout the world, he could come to Haiti and be authorized to practice there. I had hoped that, someday, after my death, Dr. P. would direct my hospital. This has become impossible, since he does not wish to leave the woman with whom he has become involved alone in France, until he has obtained a divorce and can marry her. From my point of view, I cannot receive him into the large family at the hospital unless he is legally married to this woman. It's most unfortunate. So, if only you would take advantage of this situation, you could assure yourself of the collaboration of a remarkable doctor who also has many humane qualities. I will add that Dr. P. reads, writes and speaks English and that he has a gift for languages. He will easily learn the language there.

I am sending this to you via Madame Erica Anderson, not knowing if

* A passport issued by the United Nations signifying a stateless person.

you are in the USA or Haiti. Answer me, as soon as you can, to tell me if it is possible to get him into Haiti and to give him even a provisional and modest position at your hospital. I will remain in Lambaréné for several months. This year I will not visit France. I have all sorts of work to do here.

I hope that you and your family are well and that the hospital is not worrying you too much. When will we see one another again? My best wishes also to your wife.

Albert Schweitzer

P.O. Box 4
Saint Marc, Haiti
11 November 1956

Doctor Albert Schweitzer
Lambaréné, Gabon

Dear Elder Brother,

It was with pleasure that I received your letter about Dr. P. It arrived at a propitious moment (in a sense) because, as it happens, two of our doctors here wish to leave before the end of their contract, opening a position for Dr. P., if he would like to join our team until August at the least. Having received your advice to take advantage of his services, I sent him the following cable yesterday:

> Possible to offer you work until August. Modest remuneration, lodging, and sea transport for two provided arrival in December. Nansen passport acceptable. Cable decision. Mellon

Since these doctors—husband and wife—wish to leave [us] the first of December to rejoin the American navy, it would be a good idea if Dr. P. could come as soon as possible to replace one of the two. I am also of the opinion that if he only stays a few months (let's say less than six) the hospital would be unable to offer him and his fiancée return tickets. The reason I mentioned the month of August 1957 as a possible limit for his stay in Haiti is the following: in America all hospitals write their yearly contracts with interns and residents beginning on 1 July. We have had several proposals from some very good doctors who could and would like to come here in July 1957, when their current contracts end.

On the other hand, I still think that it would be good for you and your hospital if Dr. P. could return when his divorce proceedings are over. By limiting his stay to eight months, the possibility of his returning to you remains open!

As soon as I receive his answer I will let you know. It would be useful to know the amount of his salary so as not to offer him such a lucrative position that it would be hard for him to leave later on. Perhaps it would be worth a cable.

My wife and I were so happy to receive the recent photos of you from Mrs. Miriam Rogers of Boston. Also, we very much hope that Erica will be able to visit us soon. We impatiently await her to bring news of Lambaréné—of you, Madame Schweitzer, and the others.

But despite Erica's comings and goings, I still lack much information! You ask when you and I will see each other again. I accept the responsibility of being here at my hospital for the rest of my life. Happily, my wife's and my enthusiasm grows every day. But can it be that the limitless responsibility that the philosophy of Reverence for Life imposes upon us condemns us to never see one another again? Thanks to Jack Beau and a Chinese doctor who has been working with us since September, the hospital is better organized and runs more smoothly than ever. During the month of October we had more than one thousand medical visits—that is to say, the number of consultations was over a thousand. I don't know how many were return visits.

If you think it is a good idea, dear older brother, please let me know if you have any thoughts about our next meeting. Does Haiti seem like a possibility to you? Is there some business that might bring you to the United States next year? I understand that there are many organizations there who are trying their best to get you to come. Or should I start thinking about a trip to Alsace or Africa? And if so, when? The years are passing!

Your devoted brother,
Larimer Mellon

Doctor Albert Schweitzer
Lambaréné, Gabon
French Equatorial Africa
29 November 1956

Mr. Mellon
P.O. Box 4
St. Marc, Haiti

Dear Brother,

I have learned from Mme Erica that you have accepted Dr. P. and that he can come immediately! I cannot tell you how much this news means to me nor how grateful I am. I so wish that Dr. P. get out of the difficult situation in which he now finds himself due to the fact that he cannot be a part of the large family formed by the staff at my hospital, with a lady who is not legally his wife. Furthermore, because he has no nationality, he cannot, according to French law, practice medicine on French territory except at my hospital, where a Governor General, at my request and to help me out, gave him permission. The only way out of this situation was that which I asked of you and which you have granted me! I am grateful to you for helping this remarkable doctor who will prove his gratitude by seconding you in your duties at your hospital, with both his great knowledge and his dedication. He wrote to tell me that he could work for you and I answered him that he should do so. After he has worked for you, you can decide whether you wish to keep him on or if he should return to me. For now, what is important is that he have a secure position, since for months he has had to live without working, being supported by my hospital without being able to do the work here. I am letting him go to you, without a worry, knowing what a hard and dedicated worker he is.

I am only writing you these few lines because I am very busy and very tired. It is curious what a great relief I feel knowing that Dr. P. will be at your side, because I know how difficult it must be for you, too, to find good medical personnel. And don't forget that Dr. P. is a remarkable electrician. He will know how to install and repair your equipment as well as any professional engineer.

As for myself, I have a good staff at my side. By chance, I have as surgeon a remarkable lady doctor who also worked for a number of months under Dr. P. and who benefitted greatly from his teaching. I also have a doctor from Israel who was a fellow student of Dr. P.'s in Hungary and who is very devoted and conscientious. And I have a doctor from South Africa, of Dutch nationality, who, once again, worked with P. Thus the work here, despite P.'s departure—to the regret of the colleagues who worked under him, as well as my own—is satisfactorily assured. That's very lucky.

With all my best thoughts for you, your wife and the whole family.

Most affectionately yours
Albert Schweitzer

When will we see each other again?

Doctor Albert Schweitzer
Lambaréné, Gabon
French Equatorial Africa
10 February 1957

Dr. Larimer Mellon
P.O. Box 4
Saint Marc, Republic of Haiti

Dear Brother,

Do not be surprised by this overdue reply to your letter. The latter didn't go via air mail but by ordinary post!! On the envelope was stamped "Insufficient postage." I myself couldn't understand why I hadn't heard from you in answer to my letter . . .

I hasten to tell you that the salary that Dr. P. received here amounted to one hundred thousand French francs. I would have liked to give him more for the work he did. But I couldn't have too much of a difference between him and the other doctors.

I am sure that he will be of great service to you. As to the question of whether or not he can return here, I cannot yet say. If I understood your letter correctly, you are obliged to change your personnel every year. That is a very serious matter. I myself have had doctors stay for a number of years. One was with me for eight! P., more than five. You will have a great deal of trouble if there's no continuity in your medical staff. Alas, you and I are slaves of our hospitals . . .

Our next meeting? I don't think that I will be able to take a vacation that would allow me to come to America or Haiti. I had thought about a meeting in Europe. But here, too, I am unable to fix a date for a European stay.

I am writing to you late at night. Please tell me in a note if Dr. P. is delivering proper service. I will be worried until I know. It would weigh upon me heavily to have urged you to accept a doctor who is not a valuable colleague.

With my best wishes to you, your admirable wife, Mr. Beau and his wife, and to Dr. P. and his companion.

Most affectionately yours,
Albert Schweitzer

Lambaréné, Gabon
French Equatorial Africa
25 March 1957

W. Larimer Mellon, M.D.
Saint Marc, Haiti

Dear Friend,

I am delighted that Erica Anderson took such nice photographs of your hospital, as she did of mine some time ago. I hope these pictures garner for your hospital, which is sister to mine, the attention it merits and needs.

Affectionately,
Albert Schweitzer

Doctor Albert Schweitzer
Lambaréné, Gabon
French Equatorial Africa
26 March 1957

Mr. Larimer Mellon, M.D.
Albert Schweitzer Hospital
P.O. Box 4
St. Marc, Haiti

Dear Brother,

I am grateful to all the members of our sister-hospital for their signatures. Please tell them how much it interested and pleased me. I was astonished by your large staff. But I imagine that they aren't working at the hospital all day long. Mme Erica told me about her visit with you. She had a wonderful time and went to a great deal of trouble for the photographs. She told me that you would like to have a note on this little brochure of photos. Here it is. I hope it's what you wanted . . .

Now I would like to talk to you about P. You haven't told me enough about how he is working out for you and if he is doing what I expected in recommending him to you. Does he show the same enthusiasm for the work there that he did here? Is he conscientious? Does he know how to direct the staff? Is his remarkable knowledge and talent in surgery recognized in your operating room? These are the questions that I ask myself and that I would like answered, because I feel a great responsibility in having recommended him to you. If he is working as well in your hospital as he did in mine, I will be relieved . . . I myself had nothing but praise for him.

Now, just between us, is the question of his future at your hospital. Here's what I think about his returning here: as a worker, I can only wish for his return. But, first of all, I don't believe his wife is consenting to a divorce. She has no reason to. He has to support her, and this, added to what she can earn in Switzerland, permits her to live quite decently.

Next: as head of my hospital, P. was good in this role, if it was simply a question of directing the medical service. But since we live as a family, it's also a question of being the head of the family, with all the sacrifice and self-discipline that entails. In this domain he was not, and cannot, be successful, due to his nature. As long as I was in residence, this could be overlooked, I myself being head of the family. But as soon as I left, it became a problem, especially during my last two visits to Europe. And it wasn't that serious because I had arranged for Mlle Emma to be in Lambaréné during my absence. Here in Lambaréné we are like a kind of convent, and it's necessary to have a Father at the Head of the community. And if I were to die, the problem would be exposed in all its seriousness. Then P. would have to work with the Committee Director of my hospital [association] in Alsace, and one doesn't know how that would turn out . . .

Therefore, I don't believe that P.'s future would be best assured if he returned to work at my hospital. Your hospital, where it would simply be a question of work well done, and where he could lead his own private life, would be the best for him.

Also, I think it is in your interest to keep him. Because, in the long run, you can't ensure the running of the hospital with physicians who only stay a year or two. You must have at least one who remains, who understands how the place functions, and who would have the authority that longevity gives. You must also consider the fact that some day you may fall sick for a few weeks, or that you might want to take a leave of absence . . . If you have P., you could leave him in charge of the hospital for a while. He's a devoted worker and knows how to avoid palavers with the staff . . . We all held him in high esteem as the head of the hospital— everyone liked him, and we all miss him. And I imagine that he is the same person at your hospital as he was at ours.

And another thing: he'll stay with you because he would not know where else to go to practice as a doctor. In France, he could only practice as my assistant at my hospital because of an agreement between the Governor General and myself. I always told him to fill out the forms to become a French citizen and to redo his medical exams, simply as a formality, in order to be able to practice medicine anywhere on French territory. That would have been very easy for him to do with the help that the Governor General we had from 1950 to 1953 would have given him. He should have used his first leave of absence in Europe to do it. I begged him to do it. He didn't do it . . .

But at your hospital he can remain. So, if you think it useful to keep him after the first of August, keep him. I don't see how I can take him back, especially since the divorce, which would permit him to remarry, has not been granted.

Keep all this to yourself. It's absolutely confidential—but I wanted to talk to you about it right away, not knowing if, in the weeks to come, I would find the time to write you. Above all, write me if you are truly happy with P.'s work and his dedication, of which he was living proof. I would like to be reassured, having recommended this colleague to you . . .

With my best wishes for you, your wife, the children, Mr. and Mrs. Beau.

Yours sincerely,
Albert Schweitzer

Doctor Albert Schweitzer
Lambaréné, Gabon
French Equatorial Africa
7 May 1957

Mr. Larimer Mellon M.D.
P.O. Box 4
St. Marc, Haiti

Dear Brother,

I was very sad to learn of the incident between the two doctors. Alas, I, too, have had this happen in my hospital, when two doctors of different nationalities judged each other according to the differences in their respective countries' medical school training. It pains me that one doctor accused the other of being incompetent, due to criteria taught him. At this very moment, at my hospital, there is a confrontation between Israeli and English physicians who regard each other with great suspicion.

I don't know if, after this incident, you want to give up on P.'s services. I don't know if in so doing you would be right. Because, even if the young American doctor claims P. incompetent in surgery, based on my own long experience with him, I know him to be a remarkable and very careful surgeon. He practiced neurosurgery in the capital of his own country for a long time, and this is a training ground for meticulous work.

Furthermore, I don't know if it is in your best interest to give up on a doctor who, due to the specific situation he finds himself in, would like to remain at your hospital on a long-term basis. Because you must have already realized the great importance of continuity to the running of a hospital. When the medical staff changes every two years, it is difficult to keep a hospital running. In this situation, you and I have to struggle for the new staff to consent to do things according to our established traditions. And what work it is to have to initiate newcomers, who have their own ideas about how things should be done, every year or two. The further you advance in your career, the more you will understand the importance of having at least one doctor who remains constant throughout the changes that occur. Think carefully about this, since P. has excellent qualities that I was able to appreciate, rarely finding them in other doctors whom I have hired. Excuse me for going on at such length on this topic.

When you decide whether or not to keep P., please let me know. He asked me to send him the rest of his belongings that are still here, particularly his books. There are about three crates. I wouldn't want to answer him or send his things (by boat) without being sure that he will be there when they arrive in Haiti.

Life here goes on as usual. I have three fine doctors, and I am at the hospital all day long to assure that they get used to doing their work as it should be done, in the spirit and tradition of the hospital. And what a difficult task it is because I am not seconded by a doctor who has been at the hospital for a long time and who could help me. And unfortunately, the hospital doesn't stop growing. I have an average of forty more hospitalized patients this year than a year and a half ago. Nor do I cease growing older . . . All my best to you, your dear wife, and to the children.

Yours sincerely,
Albert Schweitzer

Greetings to Mr. and Mrs. Beau. I think I already told you how touched I was to get a note with the signatures of your entire hospital staff. Please send them my greetings once again. There are so many of you, compared to the staff at my hospital! You even have a telephone operator! How nice to have put the occupation next to each person's name.

The Savoy Plaza
Fifth Avenue 58th and 59th Streets
New York 22, N.Y.
10 June 1957

Doctor Albert Schweitzer
Lambaréné, Gabon, A.E.F.

Dear Older Brother,

The sad news of your dear wife* caused us great sorrow and shock, as we did not realize she was in such a delicate state of health. How great must be your anguish, so far away from her and the rest of your family in Switzerland!

Here your American family shares with you this great burden of sorrow. Know, dear Older Brother, that our thoughts are with you daily, more than ever.

Yours sincerely,
Larimer Mellon

Doctor Albert Schweitzer
Lambaréné, Gabon
French Equatorial Africa
14 June 1957

Larimer Mellon
P.O. Box 4
Saint Marc, Haiti

Dear Brother,

Thank you for your letter dated 12 April 1957 in which you explain the P. affair. I am trying to understand it. But deep down, I can only regret that the whole thing happened. It was a tragic moment when I had to give up the idea of having P. by my side at my hospital. He was a great help to me in treating the patients and in running the hospital, precisely because he was well liked by the staff, the doctors, and the patients. Thus, it was a consolation to know that you would benefit from the collaboration of such a remarkable doctor, since I deeply feel the responsibility of having drawn you from the life you were leading and, in following my example, taking on the very difficult career of running a hospital like mine. And, in my sadness, I found solace in the idea that you would have at your side my dear colleague, who had served me so well for six years and

* Mrs. Schweitzer died on 1 June 1957 in Switzerland.

whose qualities I so appreciated. With sorrow I must accept the fact that you are giving him up.

You need a doctor who will remain at your side throughout the years and who will act as your second. Otherwise you will exhaust yourself and suffer from the difficulties of having a staff of doctors who come, but only stay briefly. It is hard to find someone of quality who will remain and get to know the work well enough to be able to help direct it. Over the course of many years I have had this experience, and to my great regret, I still face it at the age of 82. I was overjoyed to send you P., because I thought that he would help you avoid this sort of situation.

My wife was very happy to have been able to spend the last months of her life in Lambaréné. She suddenly became very weak at the end. Her heart no longer worked. She asked to go back to Europe. But the illness could not be stopped. She quietly went to sleep in Zurich. I thank you and your dear wife for sharing my mourning. My poor eyes will not let me write any longer.

Yours sincerely,
Albert Schweitzer

10 Gracie Square
New York, N.Y.
5 February 1958

Doctor Albert Schweitzer
Lambaréné, Gabon
French Equatorial Africa

Dear Older Brother,

This note is being delivered by an old friend of my family and mine, James Francis Drake, my father's long-time associate in the oil business. He is leaving tomorrow from New York on a trip to Africa with other friends, among them Mrs. J. F. Byers, also of Pittsburgh, who would like very much to visit you to gain a better understanding of your work and the hospital.

I am giving him all my best to send on to you.

Affectionately yours,
Larimer Mellon

P.O. Box 4
Saint Marc, Haiti
8 February 1958

Albert Schweitzer
Lambaréné, Gabon, A.E.F.

Dear Older Brother,

For several months I have neglected to send you a brief progress report on things here in Haiti. It was a great pleasure for both of us to see Erica two days ago in New York, the day before our return here. She regaled us with stories of you and Lambaréné, and she assured us that you were in good health and that you would be happy to know that we had a small celebration here in honor of your birthday. You will never know, dear Doctor, with how much pride and admiration we think of you! Not a day goes by that I do not thank you for your good advice and example. May God take care of you and keep you among us for many years to come!

During my trip to the United States I learned that Dr. Phillips, a dentist from Chicago who, I believe, visited you twice, thinks he has found a position for Dr. P. as administrator of a new hospital for prisoners that will be opening soon. In principle, Dr. P. has accepted, but I am not sure if his visa will permit him to earn money in the United States. Nevertheless, Dr. Phillips and I hope that things will work out well for him. His attitude toward me and the hospital may well have been the result of the worries, pressure, and insecurity that he has felt since leaving you. I wish to help him in every way I can, but I have asked Dr. Phillips not to mention this to Dr. P. because I'm afraid he'll say that I am trying to push him out of Haiti.

You will be happy to hear that the hospital here has never run so well nor with such efficiency and positive esprit de corps as at present. The entire staff seems enthusiastic and happy with their lot! The hospital treated 2,907 patients in January compared with the total of 2,301 patients for January 1957.

We now have the following doctors here:

Dr. Harold May (American)—Surgery and internal medicine
Dr. Gene Szutu (Chinese)—Head surgeon
Dr. Tai Kong (British National)—Internal and Oriental medicine
Dr. Florence Marshall (American)—Head pediatrician
Dr. Felix Vontobel (Swiss)—Pediatrician (presently on vacation)
Dr. Norma Elles (American)—Ophthalmologist
Dr. Samuel Karolitz (American)—Head pediatrician at Jewish Hospital in New York. He is here with his wife "on vacation" for two weeks. Even so, they work everyday!

Today we had the pleasure of meeting Mrs. Rebecca Weiler, who visited you in Lambaréné and saw Mlle Emma in Alsace during her illness. Mrs. Weiler told me (less than two hours ago) that she was interested in creating a fund to send someone from here to the United States to study something that would be of use to the hospital. We have chosen one of our laboratory technicians, a young woman of British nationality born in British Honduras (Central America), who is very intelligent and devoted to her new work. Mrs. Weiler has offered to put her up at her house in California for several months. Once there, she will attend a school special-izing in laboratory techniques, as soon as we can arrange the specifics of her training. Her mother has given her consent and seems pleased. What joy I feel in my heart for this young person! Friends like Mrs. Weiler will never know how much we value their good will.

In closing I should warn you that on the thirteenth of March an old friend of mine, Colonel Drake, counts on coming to visit you (with a number of other people brought together by "Cook Wagons-lits"*— thirty or so I heard tell). I gave him a short note for you. He assured me that Cook and Company has arranged for his lodging and transportation, etc. I do hope so, for your sake!!! I am not deluding myself, dear Doctor —even without my note, he would have arrived anyway! In my experi-ence, tourists are never discouraged!

The fact that Gwen, my wife, has recovered from her two [back] operations of last year seems a miracle to us! She has returned to her job as interpreter at the hospital and hopes to start riding again one of these days. She loves to horseback ride in the countryside because it brings her closer to our patients and their families. It is often Gwen who discovers the needy cases.

We send you our warm regards.

Best wishes,
Larimer Mellon

Dr. Albert Schweitzer
Lambaréné, Gabon
French Equatorial Africa
25 May 1958

Doctor Larimer Mellon
P.O. Box 4
Saint Marc, Haiti

Dear Brother,

Your very good letter dated February 8, 1958 deserved a prompter response than the one you are receiving. But my hand is healing slowly,

---

* A travel tour company.

and writing remains painful and a great effort for me. Moreover, I have much work and writing to do for my hospital. During my stay in Europe, and the long weeks when I couldn't write because of my injured hand, much correspondence piled up. Not to mention the work and the correspondence involved in the struggle against the atomic danger. I was asked once again to give three speeches on Radio Oslo. Developing these talks demanded a great deal of work. And the correspondence on this matter is enormous. But it was necessary to remind the world of the atomic threat, especially that facing Europe, which doesn't want to become a battlefield in an atomic war between the Soviets and the United States by accepting the atomic arms that NATO wishes to impose upon it. It was also necessary to speak out on the problems of the impending summit conference. I was chosen to be the speaker and I had the moral obligation to comply. It is unbelievable how much public opinion leans toward not wanting to think about the threat of atomic war, which is, nonetheless, very serious and which concerns every nation. My three speeches from Oslo are appearing in the USA, as well as Europe and Japan, under the title "Peace or Atomic War."

Getting back to your letter and the good news that your wife is well and that the hospital is running under the best of conditions. I was very worried about you and your project because I bear the great responsibility of having drawn you, without knowing it, into this career, and about which I know all the difficulties. Yours are even greater than mine. Thank you for the detailed account of the running of your operation, which, I realize, is considerably larger than my own. How charming of Mrs. Rebecca Weiler to take an interest in your program. Give her my best if you see her. So, Gwen hopes to start riding again! Great news. And how nice that horseback riding allows her to visit the outlying villages . . .

I am writing to you from my table in the consultation room. Currently, I am down at the hospital all day long.

With my warm regards to you and Gwen.

Yours sincerely,
Albert Schweitzer

My greetings to your children too.

Postscript to a letter from Erica Anderson

12 October 1958

Dear Brother,

With all my good wishes. I was happy to have your news from Erica and I was interested in everything she told me about you. I am troubled that you are having difficulty recruiting doctors and I am almost ashamed that in this matter I have complete freedom and that you are experiencing a worry I do not know.

With all my best for the two of you. Erica is happy to find herself back once again in Lambaréné.

Albert Schweitzer

Larimer Mellon
P.O. Box 4
Saint Marc, Haiti
31 October 1958

Doctor Schweitzer
At his hospital
Lambaréné, French Equatorial Africa

Dear Older Brother,

Your note at the end of Erica's kind letter warmed our hearts! The situation here has recently changed for the better. Dr. Hamblin, a young American surgeon, has decided to spend eighteen months with us and has just settled in with his wife and three children. Your Haitian hospital has never worked more efficiently nor with better morale than today! Since the first of October it has been running at over 100 percent capacity, which is possible because we often have to sleep two children in a bed. Last night we had one hundred sick interned in our two wards even though the number of beds is eighty-six. More than half of our patients are babies and children under the age of four. They are admitted because of malnutrition, infectious diseases, and malaria (falciparum), which is very common in this season. What's more, there are never less than ten newborns infected with tetanus. Currently, we are able to save three-quarters of them.

Gwen and I often think of you, dear Doctor Schweitzer, and with so much affection and respect. What you do for your patients, you do for all mankind. A day never passes in which I don't thank God for your thought and your example.

I am very worried about your health because I understand that you recently had a setback—which doesn't surprise me at all. I beg you, dear Brother, not to treat your health lightly! To please those who love you, among whom is Dr. Friedman, of course, please permit Dr. Hitzig to examine you when he arrives at the hospital. A little well-placed prudence could spare you trouble later. It is good to keep one foot in paradise but please keep the other firmly planted on earth.

Next month we plan to hold the meeting of the hospital directors here in Deschapelles. The date is set for 21 November but, unfortunately,

Emory Ross can't get here before January. Nonetheless, we will hold the meeting without him, in the hope that he will visit us later.

These days I count heavily on music to lift my spirits from the hospital routine. A half an hour with my cello is worth many hours of sleep. I count myself lucky to have this interest which, in a moment, transports me away from all worries . . .

We have decided to put my eldest son, Billy, whom you met, on the hospital board, as he has expressed an interest in working with us. This will be carried out at the November meeting.

Don't bother to answer this letter, dear Doctor. I am only writing to give you a little "report" on how things are going and to let you know how much we are thinking of you.

Yours sincerely,
Larimer Mellon

P.O. Box 4
St. Marc, Haiti
10 December 1958

Doctor Albert Schweitzer
At his hospital
Lambaréné, Gabon, A.E.F.

Dear Older Brother,

What great pleasure the two beautiful photographs of you, signed and dated by your hand, brought and continue to bring my wife and myself! Your thought for us touches us deeply, dear friend. I am sending you our sincere thanks.

Sunday, the thirtieth of November, was a terrible day for everyone here in Deschapelles due to a cruel accident that befell one of our oldest employees. My wife left by plane for New York that day, and I drove her to Port-au-Prince to see her off. Upon my return here at about 12:30 the cook shouted for me not to get out of the car but to go straight to the hospital where an explosion had just taken place. When I arrived there, I learned that a young man had used gasoline to clean the floors in front of the incinerator where we burn the garbage from the wards. There wasn't a fire in the oven, but there was enough heat to cause an explosion. His clothes caught fire, scorching 95 percent of his body and causing third degree burns. Unfortunately, the poor boy survived for thirty-six hours. On Tuesday he was buried in Saint Marc in a beautiful coffin made by his fellow workers. Five cars of hospital employees attended, one of which I drove myself. What a terrible lesson for a careless act! No one else was burned, as it was Sunday and most of the workers were at home.

Our only daughter, Jenifer, who had lunch with you in Switzerland, is getting married on the twenty-seventh of December in New York to a medical student who came to Haiti last summer to work in the laboratory. Jenny met him here in August and there they are, getting married this month! Gwen and I are very proud and happy to have another doctor in the family, and we couldn't have chosen better for her ourselves. I think I will leave on the eighteenth of December for the wedding, which will be on the twenty-seventh of December, and we expect to return here on the twenty-ninth. The only regret we have is that we will be away from our hospital and our patients during Christmas, because, as you well know, there is a special charm in the hospital during that season.

Once again, thank you for the photos, and for your thoughts and friendship.

Affectionately yours,
Larimer Mellon

P.S. Last week Dr. Catchpool and Mlle Olga Deterding stopped in for a day visit, which pleased me greatly. He promised to come back again before returning to your hospital in order to get to know our work better. I hope he will give you a good "report" on the hospital that is proud to carry your name. L. M.

Our thoughts at Christmas will be with you and yours.

I am in touch with Dr. Dorien Venn of Johannesburg about a position here in surgery and urology. He has let me know that he would be interested in spending one or two years at Deschapelles, were a position offered him.

P.O. Box 4
Saint Marc, Haiti
8 February 1959

Doctor Albert Schweitzer
Lambaréné, Gabon, A.E.F.

Dear Older Brother and friend,

These few lines are to let you know that we often think of you, and, as evidence, I am enclosing for you a copy of the "Resolution" adopted at the Board of Directors meeting. It is hardly necessary to explain that the "enormous service" that you have rendered, and that you continue to render, is that of your example and your encouragement, which we feel radiating all the way to Haiti.

Erica is in Haiti right now photographing the dedication of a new psychiatric sanitorium at Port-au-Prince. She is due here today with some friends to have dinner with us and to stay for three or four days. We are awaiting her impatiently!

Thank you so much for the great service that you render to all mankind and, above all, to those in this little corner of the world, which proudly bears your name.

With great affection,
Larimer Mellon

Certified Resolution

I, the undersigned Secretary of the Grant Foundation, hereby certify that the Directors of The Grant Foundation adopted the following resolutions under the date of November 21, 1958:

"RESOLVED, that the Board of Directors of The Grant Foundation wishes to acknowledge with deep appreciation the outstanding service rendered to Hospital Albert Schweitzer by:

Dr. Albert Schweitzer

"RESOLVED FURTHER, that the Secretary of The Grant Foundation is hereby directed to communicate this action to the above named person."

IN WITNESS WHEREOF, I have hereunto set my hand this 29th day of January, 1959.

A. A. Vestal
Secretary

P.O. Box 4
Saint Marc, Haiti
26 March 1959

Doctor Albert Schweitzer
Lambaréné, Gabon
French Equatorial Africa

Dear Older Brother and friend,

A group of neighbors here in Deschapelles would like to work together to build a chapel that would serve the local people as well as the hospital's employees and patients. Inasmuch as the country is officially Roman Catholic (according to its constitution) it seems to me preferable from every point of view that the building be ecumenical, holding Protestant as well as Catholic services.

Most people with whom I have spoken about this idea are of the opinion that the Catholic Church in Haiti would never consent to hold its service in the same house of worship as the Protestants. But in a conversation with our friend Emory Ross, who just spent a week with us this month, he suggested the following:

Since there is a long history of double church services in Alsace, we were wondering if, in your opinion, an outline of our problem, as well as an explanation of the philosophy and the origins of our hospital, whose roots are Alsatian, to the mother Church in Haiti might achieve the desired result, that is, to obtain the consent, if not the enthusiasm, for an "ecumenical" collaboration comprising all the Christian elements who might wish to join.

To this end, my wife and I visited His Excellency Paul Robert, the Bishop of Gonaïves, the day before yesterday. We didn't mention our chapel project at all, but during the exchange of civilities I confirmed that his order had its origins in the village of Lampaul-Guimilian near Landivisiau, between Morlaix and Brest, in the Finistère region [Brittany, France] and that it is called "Saint Jacques Seminary." His current superior is Father Leroux.

Since such a small pan-Christian church would mean so much to the development and to the future of our hospital I dare ask, dear older brother, if, on your next visit to France, you would be willing to see if Father Leroux, or another member of his order, would give his blessing to my proposal. I am truly ashamed to ask such a great favor of you, but I am persuaded that the success of our project lies with your intervention. If, for one reason or another, you don't think it right to do so, please be assured that I would understand and accept your decision.

Here, all goes well. We have just welcomed Dr. Dorien Venn to the hospital, who let us know that he is counting on staying here with us for at least eighteen months. His wife will be joining him in June. We like him very much. His work is exceptional! I recently learned that Dr. Catchpool hopes to leave shortly for Lambaréné. I am very pleased with this good news.

Billy, my eldest son, who is here with us right now, and Gwen and I send you our best and our warmest greetings and our prayers for your health. The most important factor that influences our work in Haiti is your spirit!

Faithfully yours,
Larimer Mellon

I would so like to see you again and to discuss a thousand aspects of work, but when?? The days are so full and they are flying!

Doctor Albert Schweitzer
Lambaréné, Gabon
French Equatorial Africa
12 April 1959

Dr. L. Mellon
P.O. Box 4
Saint Marc, Haiti

Dear Brother,

Give up the idea that the chapel could serve both Protestant and Catholic faiths. In the treaties between Rome and the countries of Central and South America it is stipulated that all care should be taken to prevent Protestantism from taking root in any of these lands. This was the policy of Pius XII and there is no reason to think that his successor would be likely to think differently. Nothing would come of my meeting with Father Leroux. He would be very polite with me and would tell me that it would all be very desirable. But he would do nothing to make it possible. And, what's more, if you persist in this project of unifying Catholics and Protestants in one chapel, you would risk your position and that of your hospital being compromised by the ultra-Catholic element in the country. This is the truth. You cannot dispute it. It is unfortunate. In certain South American countries Protestants are persecuted with the consent of the government. There is still much work to be done to change the mentality of men. But do not despair. If the spirit of goodness begins to gather force, it will overturn the ideas that still dominate underdeveloped thinking.

In haste, with my best wishes to you and your family.

Your devoted,
Albert Schweitzer

Lucerne
17 October 1959

Dr. Albert Schweitzer
Günsbach, Haut Rhin

Dear Doctor Schweitzer,

Yesterday we left your house refreshed and happy from the good visit we had with you and your family. The words "thank you" are too small and too short to express all that we feel in our hearts. To know that you are safe and sound (although weary), and to have seen you surrounded by devoted colleagues, did me much good.

How overjoyed I was to meet Rhena, Christiane and your brother!

Everyone at your house was so nice and so eager to welcome us! We are happy that Sophie is with you now. She went to a lot of trouble to take care of us and serve us her good hot tea.

I believe I learned some useful things from you that I can use to raise the morale of those of us who work at the hospital in Haiti. All the best to you, dear Doctor,

Affectionately yours,
Larimer Mellon

P.O. Box 4
Saint Marc, Haiti
14 January 1960

Dr. Albert Schweitzer
Lambaréné, Gabon
French Equatorial Africa

Dear Older Brother,

Everyone here, and most especially Gwen and I, think of you today and every day. Our thoughts are also with the fine people who surround you and who love you.

Your thoughts must be with the Binders* in Peru—as are our own—knowing that they expect to open their beautiful hospital today to crown your birthday with their own work of love. Together we are breathing the air of a day that the world will not soon forget—certainly not in Peru!

We were all so happy with Dr. Binder's visit last month. He stayed with us almost a week and was interested in everything and everybody at the hospital. One evening he showed us color photos of his country and the people that his hospital is going to serve. It seems, according to a letter from his wife, that she is feeling better now and that she returned from Europe in improved health.

Everything is going well here. Last Monday the clinic received 384 patients—a new record for us.

I am sending you several photographs from a staff gathering at Christmas where we exchanged presents and sang carols together. I spoke to them all about Reverence for Life by reminding them of some of your ideas on the treatment of animals.

We are so happy to know that Rhena expects to join you soon. Please give her our warmest regards.

Mlle Silver will be interested in learning that I planted the seeds of

* Dr. Theodore Binder established his own Hospital Albert Schweitzer in Pucallpa, Peru, in 1960.

the Cayenne cherry that she sent me. I am waiting impatiently to see them grow. Do you know the saying attributed to Sir Francis Drake? "There must be a beginning of every matter but the continuing unto the end yields the true glory."

Happy Birthday, dear older brother!

Affectionately yours,
Larimer Mellon

P.O. Box 4
Saint Marc, Haiti
24 December 1960

Doctor Albert Schweitzer
At his hospital
Lambaréné, Gabon

Dear Friend and Older Brother,

So often we think of you and Rhena and the other colleagues whom we know and love. Particularly now that it is almost Christmas, you are in our thoughts more than ever.

The work here at the hospital continues to be busy and satisfying. We are blessed with a devoted and cooperative staff who make our days not only more efficient but more agreeable at the same time!

In looking back over the year of 1960, it seems to me that the main accomplishments were probably the addition of a resident veterinarian and the construction of a classroom building where we teach illiterates to read and write, peasant girls to sew and cook, a little carpentry to boys, and music to anyone interested in learning the basics of playing an instrument. This last is very popular and much appreciated!

Thanks to our friends in America we now have five pianos, two keyboard organs, and fifty-three other instruments (mostly brass) that the hospital loans to employees, patients, and any responsible person who asks for one.

Finally, dear Doctor Schweitzer, Gwen joins me in sending you our warm wishes for the strength to be able to continue the inspiring work, which is your life.

Yours sincerely,
Larimer Mellon

Hospital of Doctor
Albert Schweitzer
Lambaréné, Gabon
22 March 1961

Mr. and Mrs. Larimer Mellon
Saint Marc, Haiti

Dear Friends,

Thank you for the news that you sent us about yourselves. I am glad to know that you are well and that your hospital is prospering. Little by little it is growing up. How happy I am to know that you created this work that harbored such serious problems. And how worried I was for your success.

Here, too, things are going well. I have good doctors. A good morale prevails. But for the last several months my poor hand, afflicted by writer's cramp, is giving me more and more trouble, and writing has become almost impossible for me. I have to write very slowly; I handle the pen clumsily and writing has become a suffering for me.

But I have written enough during my lifetime. My hand behaved well when it had to. Now I must allow it to rest. I was lucky that it served me so long when it was already in pain . . .

Most affectionately yours,
Albert Schweitzer

P.O. Box 4
Saint Marc, Haiti
19 July 1961

Doctor Albert Schweitzer
At his hospital
Lambaréné, Gabon

Dear Friend,

You can well imagine the pleasure I felt upon receiving the enclosed letter from Mr. Nabut. I hurried to answer him this morning indicating the consumption of plaster bandages for the last twelve months:

18 dozen—2 inches wide
59   "   —4 inches   "
51   "   —6 inches   "

I am sharing these figures with you in order to give you an idea of how active our orthopedic program here in Haiti has become. What's more, we had 4,444 outpatient visits to our clinic in May, and in June the hospital received 4,585 visits. I can't tell you exactly how many patients are represented by these figures, but I do know that in June the hospital received 871 first-time visitors. I am also sending you a copy of the "report" on the outpatient clinic, admissions, operations, etc., performed at the hospital.

We are delighted to hear from Mme Martin that she intends to visit you soon in Lambaréné with two of your granddaughters! How happy you will be!

Thank you, dear Doctor Schweitzer, for your help concerning the bandages and antiseptics from Mr. Nabut. You are very good to have thought of the rest of us.

As ever, with my best wishes and prayers for your health and the acceptance of your ideas in this world.

Your devoted disciple,
Larimer Mellon

P.S. Please thank Mme Martin for her kind note added to Mme Ober-man's letter. We were so happy to have her here with us for those few days in February. L. M.

Postscript to a letter from Mathilde Kottmann

6 January 1962

Dear Friends,

I am taking advantage of this mislaid letter to send you my best wishes for 1962. I often think of you and the work that you have undertaken. I hear news of it from time to time when Erica Anderson has been in Haiti. She tells me that your hospital is prospering. She fills me in on the details of your activities. Here, everything is going well. I have four very good doctors, two of whom—they're Swiss—are quite remarkable, both as doctors and as individuals. I am still forced to construct new buildings. The number of patients keeps increasing. I am also obliged to modernize my hospital. We have a big Mercedes truck and a jeep. We built roads so that the cars could get around the hospital. It's a complication and a simplification at the same time. I bow to this state of affairs. What is essential for me is that the spirit of the hospital remain simple. Our little republic is in pretty good shape and I enjoy good relations with the authorities. That's thanks to my age. I am a patriarch for them. We need the Mercedes to pick up food for the hospital from the villages along the main roads. With my warm regards.

Yours sincerely,
Albert Schweitzer

Dr. Albert Schweitzer
Lambaréné
Republic of Gabon
14 September 1962

Mr. Dieutelle Toussaint
President of the Liancourt Soccer League
Liancourt, Haiti

Dear Sir,

Doctor Albert Schweitzer has just received your letter that explains in such a good and lively manner the many good works that Doctor and Mrs. Mellon are doing to help your countrymen. It's splendid!

The fact that the Doctor and Mrs. Mellon have not only helped you to live better but have also sought to give you the chance to improve the general situation in Liancourt is a huge gift. And I am sure that the inhabitants appreciate what the patronage of Doctor and Mrs. Mellon means to them.

You are asking Doctor Schweitzer's help in the creation of a recreation park. Unfortunately, Doctor Schweitzer is only able to run his own hospital with the help of benevolent friends. Their gifts provide the financial means that permit our enormous work at Lambaréné to remain alive! And it is for this reason that Dr. Schweitzer will not be able to participate in the building of your very promising park.

Doctor and Mrs. Mellon will certainly understand. They know of the great effort that Dr. Schweitzer makes every day, without ever permitting himself a day of rest.

He often thinks of Dr. and Mrs. Mellon and admires their selflessness and great dedication.

Doctor Schweitzer thanks you for the photos, enclosed with your letter, which pleased him.

He asks me to send you our best wishes and thoughts.

Mathilde Kottmann, Nurse

Dear Sirs,

I was very pleased by such a friendly and interesting letter from you. I admire my dear friend Larimer Mellon for the great work that he has accomplished in your country. Above all, I appreciate that you recognize all that he has done for you and the spirit that he has communicated to you, spirit that I recognize from your letter.

Alas, I, too, would like to give a gift to your team. I am not deaf to your call, but I do not have the means to help you as you wish. Resources are dear.

Albert Schweitzer

Postscript to a letter from Rhena Schweitzer

9 November 1962

Dear Friend,

I am happy to have such good news of you, your family and your hospital, which has become so large. I admire what you are doing. How I would like to come and see your work. But at my age I must not undertake long journeys any more. I return to Europe once every three or four years, and then only for a few weeks. My joy is living at my hospital and overseeing its operation. Also, I can still hold a pen and I write on a variety of subjects. My [goal] is to fight against atomic weapons, which are such a great threat to humanity.

With best wishes to you and your wife,

Yours sincerely,
Albert Schweitzer

Doctor Albert Schweitzer
Lambaréné, Gabon
West Equatorial Africa
11 December 1962

Doctor Larimer Mellon
P.O. Box 4
St. Marc, Haiti

Dear Friend,

I am happy to hear that your dear wife is better. You know that everything you do interests me. I no longer worry about your great undertaking. You have created an admirable enterprise. If, someday, you could send me few photographs that would give me an idea of your hospital, you would make me very happy.

As for myself, there is not much to report. My hospital is running well but, unfortunately, keeps growing. This forces me to build two or three new buildings every year. I find that I must always supervise the construction myself.

My hospital has six doctors and twelve European nurses. The work is done conscientiously and in good spirit. Two of my Swiss doctors are remarkable surgeons. I still direct the running of the hospital myself. I am well and work without effort.

But my life is greatly complicated by my enormous correspondence. It is getting larger and larger. I write letters every day until midnight, and on Sundays from morning until midnight, and I only succeed in answering a fraction of them. It is depressing. Hundreds of letters are written by Mlle Mathilde or Mlle Ali, and many others go unanswered.

I continue to take part, along with my friends Lord Russell, [Linus] Pauling, and others, in the fight against atomic weapons. The world is in great danger now because governments, instead of banning atomic weapons, are building more and more of them. The danger of an atomic war grows greater and greater and none of the heads of state (except Khrushchev) recognize this . . .

With all my best wishes to you and yours.

Your devoted,
Albert Schweitzer

P.O. Box 4
Saint Marc, Haiti
18 December 1962

Doctor Albert Schweitzer
At his hospital
Lambaréné, Republic of Gabon

Dear Older Brother,

I just received this morning your very good letter dated December 11. You can't imagine the pleasure it brought us. I have just read it to Gwen (who is much better lately, thank God) and to Miss Peterson, our head nurse, also to Dr. May, chief surgeon, and Dr. Hollister, who is in charge of internal medicine. They are all very dear and dedicated colleagues. We follow how things are going at your hospital as closely as possible, but we are always thirsty for news! Thank you from the bottom of my heart for all the trouble you have taken in order to keep us abreast of your doings —construction and additions to Sans-Souci, etc. I, too, spend many an hour every day outside the hospital digging the canals for the pipes that carry potable water from mountain springs to the village market places. Up until now we have succeeded in building eight little hydraulic systems and have three more to go, built, as always, with the help of local volunteers. They do not only lend their muscle but also collect money in the neighborhood toward the cost of the pipe—it's not enough to pay for everything of course, but it sometimes saves me 10–20 percent on my own expenses. [I have now become known in the valley as "Watermelon."*]

Besides the pipes, I help them dig vegetable gardens, and build solid (thatch-roofed) houses of rammed earth with elevated hearths (one meter high), and latrines—which were practically nonexistent in Haiti before we

---

* Added in the translation done by Larimer Mellon.

arrived. We run classes for adults in literacy, sewing, weaving, ceramics and cabinet making. This year, for the first time, we have opened a primary school for the neighborhood children where we teach about seventy children between the ages of five and six. The headmistress is Swiss, helped by two Haitian teachers.

I will try to take some photos for you of the hospital and patients, as well as two or three of the "community centers" that I run in neighboring villages. As in Lambaréné, the work keeps growing in spite of my efforts to hold it back!

Our most pressing medical problem here is pulmonary tuberculosis. Since our arrival in Haiti it seems that all other diseases have diminished due, to some degree, to public health efforts, but every year the incidence of tuberculosis increases. Right now we have received 495 adults and more than half that number of children and babies who suffer from pulmonary tuberculosis. It's true that during the last two years we treated almost the same number of TB patients, but today they are much sicker, which leads us to the conclusion that a resistance to the drugs is frequently developed and that treatment at home is too risky for the other members of the family. Recently, new cases have come from these households. We now think that the solution is to construct a one-hundred-bed sanatorium or, at least, to arrange to be able to keep a hundred or so of these "open" cases in bed [here] for several months before letting them go home. For the first time I begged money, but have not yet been assured that it will be forthcoming.

My poor wife has been sick since September 27 from a kidney infection that, it seems, has produced a phlebothrombosis. She suffered four embolism attacks to her lungs, but since we started giving her an anticoagulation treatment with a dicoumarol-based medication, she hasn't had any more trouble. At this point her appetite has returned and she has regained some weight (she lost 20 lbs). She, as well as all your friends here at the sister-hospital, send you their greetings. You remain for us the living example of what a person can represent to those around him. Very often we lack the moral strength to accomplish the duties that we recognize as such, but thoughts of Lambaréné spur us on and lead us back to the humanist path. I send my best regards and warm greetings to you and to all those who are dear to you.

Your admiring brother,
Larimer Mellon

P.S. Please express my gratitude to Mlle Silver for her kind letter, which I plan to answer in a few days.

P.O. Box 4
Saint Marc, Haiti
W.I.
14 January 1964

Doctor Albert Schweitzer
At his hospital
Lambaréné, Gabon

Very dear Older Brother,

How much we think of you today and everyday! Here in Haiti the staff of the hospital that bears your name is happy to celebrate your birthday. We send you our best wishes and affectionate greetings. Our thoughts are also with Rhena and Jean Eckert, who must be in New York with our good friends the Rosses and Erica.

Work here at the hospital seems satisfying in the sense that each year we are able to examine and treat a growing number of patients. Even though the cost of treatment per patient is decreasing, our annual expenses are rising alarmingly. But at the same time, the gifts from our friends scattered around the world are more and more generous, which encourages us more than a little.

As for the personal side of life, my wife and I are in splendid health. Gwen starts her day at the hospital reception desk where she admits patients from 6 to 9 a.m., when the Pediatric clinic opens. At 9 a.m. she works as an interpreter for the pediatricians and directs the patients to the laboratory, x ray and elsewhere. Besides that, she spends a great deal of time explaining to the mothers how to give their children their medication. More often than not, the clinics end around 5 P.M.

There is a growing number of TB patients who keep us busy two days a week. There are presently over a thousand cases of pulmonary tuberculosis in treatment.

I am spending very little time with the patients these days. In the morning I do one or two hours of work in the office, after which I go to the weaving, carpentry, ceramics and sewing shops where I work with the students. Besides these, there is now a primary school, a TB "village" (3 houses), an old folks home, and an orphanage close by, all loosely associated with the hospital. The aim of my activities outside the hospital is to help the people, as much as I can, to improve the level of their economic condition. Up until now the only things that have been a little encouraging are the raising and fattening of pigs and the weaving of rugs and cloth from "home grown" cotton.

I have noticed that there are presently at least a hundred families here who support themselves by cleaning cotton (taking out the seeds by hand), spinning the thread and weaving it. Even though the results are meager after eight years of work, this constitutes our most encouraging success.

Frequently, I ask myself if our efforts follow your ethical and humanistic ideals. Only the Good Lord knows how well or how poorly those of us here succeed in fulfilling the role we have taken on! Still, you can be certain that we are guided by your example and your ideas to the best of our capabilities.

Please accept our deep thanks for all that you represent to Gwen and myself, and to the entire world.

Yours sincerely,
Larimer Mellon

Our fine colleagues, Emmy Fülleman and Devika Frankenbach send you their regards and best wishes. L. M.

Dr. Albert Schweitzer
Lambaréné
Republic of Gabon, Africa
26 January 1964

Dr. Larimer Mellon
P.O. Box 4
Saint Marc, Haiti, W.I.

Dear Friend,

Thank you for your long letter about your hospital. I read and reread it. The details that you gave me interest and comfort me a great deal. I am also very relieved to learn that the gifts destined for your hospital are becoming more and more generous. That is reassuring.

The news that you gave me of your wife and yourself is good. How wonderful that she shares your work so completely. And what a large increase in tuberculosis you have! I like [the fact] that you gave me an outline of your day. And that you are also working to raise the population's standard of living by encouraging them to work. Your activity is, thus, broader than my own, which is only medical. You are a reformer who sees widely and who is successful. When I read the newspapers, I seek to understand if [world] events are favorable to your great undertaking. It seems to me that you are lucky to be outside of events.

We, too, can count ourselves happy. We are now six doctors and fifteen European nurses. The hospital is always growing. We are constantly forced to add new buildings to those already there. I am the one who supervises the construction. I ought to consider myself privileged to still be able to work well at my age. The last time I was in Europe was in

1959. The work here keeps me from traveling. It is possible, therefore, that I shall never see my own village again. What comforts me is knowing that my ethic of Reverence for Life is making inroads throughout the world. I never dared hope that my philosophy would be recognized. Please forgive my bad handwriting. I am suffering more and more from writer's cramp, a legacy from my mother. I send my greetings to Emmy and Devika. I am happy that they are working at your hospital.

Heartfelt greetings to you and your admirable wife.

Albert Schweitzer

I am sending you a little book in English, in which some thinkers from India endorse my philosophy as being in the same spirit as theirs.

P.O. Box 4
Saint Marc, Haiti
W.I.
3 February 1964

Dr. Albert Schweitzer
Lambaréné, Gabon

Dear Old Friend,

Your letter of January 26 arrived this morning and brought us much joy! Devika and Emmy were delighted with your kind message, too.

How sorry I am that your hand suffers from cramps when you write, especially when I think of the number of letters that you must write. But I hadn't noticed that your handwriting had changed at all. You certainly have no reason to make excuses for it!

We rejoice with you that Lambaréné now has six doctors and fifteen nurses who are providing such good work. It is encouraging to hear that you do not have any big personnel problems.

I am waiting impatiently for the book you told me about. I read everything I can find on and by Mr. Gandhi who, besides yourself, has influenced my life more than anyone else. You asked me to describe my day here. I would like to, but the days are seldom the same, and it is rare that a day ever ends as I planned it!

In *general*, my wife and I get up early—before sun-up. After breakfast she goes to the hospital to help register the patients who are waiting for the clinic. I take care of urgent correspondence before the office opens at 7 o'clock. I spend a few minutes with the head nurse, Miss Peterson, and then with our office manager, Mr. Gerard de Vastey, before rounds with the doctors on duty. Quite often I leave my house by car to visit a patient who can't get about easily or who needs home care. Frequently, someone lets me know that Mr. or Mrs. So-and-So is seriously ill but won't come to the hospital. They find all sorts of reasons for not keeping their appointments, but the usual excuse is no money—and actually this is often the case. Aside from the patients, there is also the school, the farm where we are raising cattle, the chicken coop, the dairy, an orphanage, an old folk's home, plus the veterinary clinic and the weaving, ceramic and carpentry shops. Although most of them are located near Deschapelles, some are as far as ten to twenty kilometers away.

Having read a story about the personal favor that Goethe did for a friend living in the Harz Mountains, I try my best not to let a day go by without accomplishing a small "Harzreise"* for, a neighbor, friend or stranger. Here, chance never fails to offer an opportunity! Quite frankly, I have to be careful that my outings do not lead me too far from the hospital and that they do not take up time that would be better spent doing other, less compelling tasks.

On Sunday there are two services in the morning. One is at the Catholic chapel, where Father Saget says mass at 7:30, and the other is in the school room where the Protestants gather at 9:00. I plan to send you a short article, in English, unfortunately, which bears on the question of spiritual unity here at the hospital. I think that you will enjoy reading what one of our nuns has written on the subject.

I have no right to tire you any longer, dear Doctor Schweitzer. Please know how often we think of you and how much we admire and love you.

With great affection,
Larimer Mellon

Dr. Albert Schweitzer
Lambaréné
Republic of Gabon
17 August 1964

Dr. Larimer Mellon
P.O. Box 4
Saint Marc, Haiti

Dear Friend,

You made me very happy with the three photographs. Thank you for them. Your school seems to be flourishing. Our hospital in Lambaréné only keeps on growing. We now have enough beds for 450 patients. We are six doctors and fifteen European nurses. Each year I have had to build two new buildings for the patients. Fortunately, we have plenty of land.

---

* A reference to Goethe's work, meaning here "a pleasant little excursion to do a favor for someone."

I am well and can still do my work properly. In 1959 I went to Europe for the last time. I don't think I will return. The work to be done here does not permit me to leave.

With my best regards, your devoted,

Albert Schweitzer

Postscript to a letter from Ali Silver

7 December 1964

Dear Friend,

How kind you were to send me the seeds of a new fruit tree. I truly thank you. I am writing you from my table in the hospital. So, you now have room for 170 bed-patients. That's a nice accomplishment. But soon you will be at 200. My hospital always keeps growing too. We are now six doctors and fifteen European nurses. The doctors and nurses come mostly from Switzerland. That is a great advantage. They all get along well. We are horrified by what is happening in the Belgian Congo. Fortunately, Tschombe was able to move fast enough to save millions of prisoners who otherwise would have been killed. The United Nations has always been opposed to Tschombe. Two years ago it kept him from liberating the Congo from the bandits who ruled it. I have been in touch with him for a long time.

In 1959 I was in Europe for the last time. I will not go back. I am too old to travel and make all the visits that I would be obliged to make.

With my best wishes to you and yours.

Your devoted,
Albert Schweitzer

Postscript to a letter from Ali Silver

1 February 1965

Dear Friend,

I am touched that you speak of Reverence for Life in your letter. It is beginning to be more and more recognized. The thinkers of India are happy that the spirit of Buddha is gaining ground around the world.

. At present, they are asking the Indian government that Buddha's ethical thought be taught more rigorously in the Indian schools than it has been up until now . . . This is most interesting. Actually, Buddha's ethic has been celebrated in India but not practiced to the same degree. My friends in India informed me of this change for the better. It is the right thing to do, as the masses of people have lacked compassion towards animals.

Please excuse my bad handwriting. I have been suffering from writer's cramp lately. There are days when I am incapable of writing.

With my best wishes for you and your family.

Affectionately, your devoted,
Albert Schweitzer

William Larimer Mellon, Jr., 1959. Courtesy E. Anderson.

Fort Rock Ranch

Seligman, Arizona

le 18 décembre, 1947.

Mon cher Docteur Schweitzer,
    Je vous salue!
        Si l'occasion d'accompagner
les Beau en leur voyage
imminent à Lambaréné s'était
présentée, Mrs. Mellon et moi,
nous l'aurions saisie puisque
nous espérons fort pouvoir
réaliser ce plaisir un jour.
Durant les premiers mois de
1948, cependant, nous avons
dressé le plan d'être au
Pérou d'où je puis rayonner
en plusieurs directions avec
le but d'étudier les conditions

Mellon's first letter to Schweitzer, 18 December 1947.
La première lettre de Mellon à Schweitzer, le 18 décembre 1947.

Albert Schweitzer, 1959. Courtesy E. Anderson.

M. Larimer Mellon.
Fort Rock Ranch Seligman Arizona USA.

Dr. Ch. Schweitzer
Lambarene. Afrique
Equatoriale Française
3. 3. 48

Cher Monsieur Mellon

J'ai devant moi votre si bonne lettre du 18.12.47. J'aurais voulu en parler longuement avec M. Beau et je m'étais arrangé à être libre (autant que je le suis dans ma situation) pour avoir de bons entretiens avec M. Beau le samedi 28 février, avant son départ. Mais comme vous l'avez sans doute appris par M. Beau, j'ai dû être qu'en avons toute cette journée pour chercher un bateau qui le conduirait à Port Gentil, ayant appris le matin, que celui qu'on nous avait promis ne serait pas disponible, n'étant pas rentré du voyage qu'il avait fait. Hélas, dans ce pays on ne fait pas comme on veut et pour les déplacements on dépend toujours d'occasions...

Je vous réponds donc par écrit.

En lisant votre lettre j'ai été très ému et je sentais une certaine responsabilité vis à vis de vous, comme la connaissance de ma vie a agi sur votre décision de vous dévouer à une entreprise semblable. Mais en même temps je me suis réjoui de ce que vous vouliez employer votre vie pour servir et je me suis dit que c'était votre destinée et que vous connaîtrez un bonheur profond de l'accomplir. Donc je vous considère comme un cher frère et je vous parle comme tel. Et que c'est l'esprit qui émane de Jésus qui vous pousse dans cette entreprise, me la rend doublement compréhensible et précieuse. Que Dieu vous aide et vous bénisse dans la voie de

Schweitzer's second letter to Mellon, 3 March 1948.
La deuxième lettre de Schweitzer à Mellon, le 3 mars 1948.

Lambarene.

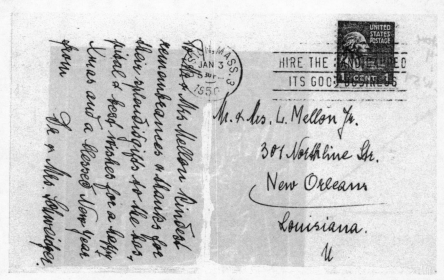

Postcard of Lambaréné with a brief thank you note written by Mrs. Schweitzer,
30 January 1950. / Carte postale de Lambaréné avec un petit mot de
remerciement de Mme Schweitzer, le 30 janvier 1950.

Gwen Grant Mellon, President Paul Magloire, and Larimer Mellon at the cornerstone
laying and dedication of Hospital Albert Schweitzer, 11 December 1954.
Gwen Grant Mellon, Monsieur Le Président Paul Magloire, et Larimer Mellon
à la pose de la première pierre et la cérémonie de dédication
de l'Hôpital Albert Schweitzer, le 11 décembre 1954.

Cornerstone of Hospital Albert Schweitzer.
La première pierre de l'Hôpital Albert Schweitzer.

Larimer Mellon placing the names of all the donors in a bronze box at the
dedication ceremony, 11 December 1954. / Larimer Mellon déposant les
noms de tous les donateurs dans une boîte de bronze à la cérémonie de
dédication, le 11 décembre 1954.

Aerial view of completed hospital, 1955.
La vue aérienne de l'hôpital achevé, 1955.

Actual home of the Mellon family in St. Marc, Haiti, 21 August 1955.
Gwen and the children hung the mosquito nets and built the
tables and cupboards. *Left:* Billy Mellon; *right:* Gwen Mellon (WLM).
Demeure actuelle de la famille Mellon à St. Marc, Haïti, le 21 août 1955.
Gwen et les enfants ont dressé les moustiquaires et bâti les
tables et armoires. Billy Mellon à gauche, Gwen Mellon à droite (WLM).

Dr. and Mrs. Mellon at work in a pediatric clinic, 1957.
Courtesy E. Anderson. / Le Docteur et Madame Mellon
travaillant dans une clinique pédiatrie, 1957. E. Anderson.

Larimer Mellon reading a letter from Albert Schweitzer in
his home in Deschapelles, Haiti. / Larimer Mellon chez lui à
Deschapelles, Haïti, en train de lire une lettre
d'Albert Schweitzer.

Albert Schweitzer (with Sizi) at his desk in Lambaréné.
Courtesy E. Anderson. / Albert Schweitzer (avec Sizi) dans
son bureau à Lambaréné. E. Anderson.

Front view of Hospital Albert Schweitzer, 1957.
Courtesy E. Anderson. / Vue de la façade de L'Hôpital Albert
Schweitzer, 1957. E. Anderson.

Gwen Grant Mellon, September 1961. Courtesy E. Anderson.

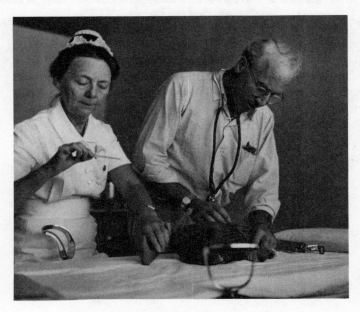

Dr. Mellon and "Miss Pete" at work.
Le Docteur Mellon et «Miss Pete» au travail.

A house under construction. It is made of rammed earth, tamped as a single mass. Notice the horizontal joists that indicate a new tier of earth. A small amount of cement, at a proportion of 1 to 15, is added. 1962 (WLM). / Une maison en construction. Elle est faite en "terre pisée," damée en un seul bloc. Remarque la jointure horizontale que représente une nouvelle rangée de terre. Une petite quantité de ciment est ajoutée à la proportion de 1 à 15 volumes. 1962 (WLM).

Working to cap the "Mahout Spring" above the village
of Liancourt. This spring actually services the marketplace
through a one-and-one-half-inch pipe. Everyone pictured here
works as a volunteer and is not paid one cent. 1962 (WLM).
Courtesy of R. Phillips. / Travaillant au captage de la «Source
Mahout» au dessus du village d'Euliancourt. Cette source dessert le marché
actuellement par un tuyau d'un pouce et demi. Tout le
monde visible dans cette photo travaille comme volontaire et ne
touche pas un sou. 1962 (WLM). Courtesy R. Phillips.

Almost felled by worry! 1963 (WLM).
Presque abattu par des soucis! 1963 (WLM).

A monthly meeting of midwives from the area.
Miss Peterson seated at the table—Dr. Lucien Rousseau leading the session.
Note the male midwife among the group.
1964 (WLM). Courtesy R. Phillips.
Une réunion mensuelle des matronnes de la région.
Miss Peterson, assise à la table—Le Docteur Lucien Rousseau dirigeant la séance.
Remarquez le matron homme parmi le groupe.
1964 (WLM). R. Phillips.

Ten years have passed since the placing of the cornerstone.
Hospital Albert Schweitzer, Deschapelles, Haiti, June 1964 (WLM).
Dix ans se sont écoulés depuis la pose de la première pierre.
Hôpital Albert Schweitzer, Deschapelles, Haïti. juin 1964 (WLM).

The Correspondence in French

Fort Rock Ranch
Seligman, Arizona
le 18 décembre 1947

Mon cher Docteur Schweitzer,

Je vous salue!

Si l'occasion d'accompagner les Beau* en leur voyage imminent à
Lambaréné s'était présentée, Mrs. Mellon et moi, nous l'aurions saisie
puisque nous espérons fort pouvoir réaliser ce plaisir un jour. Durant les
premiers mois de 1948, cependant, nous avons dressé le plan d'être au
Pérou d'où je puis rayonner en plusieurs directions avec le but d'étudier
les conditions dans lesquelles se trouve le peuple indigène et la géographie
du côté occidental de l'Amérique du Sud.

Notre projet est large.

Inspiré récemment par la vie de Jésus Christ comme elle est décrite
dans le livre de St. Marc (que je n'avais jamais lu avec grand soin avant
cette année-ci) je me suis trouvé plein d'embarras, comme beaucoup de
gens doivent être, en ce qui regarde le passé de celui que rappelle le
dixième chapitre de St. Marc commençant par le 17ᵉᵐᵉ vers.

Après une lecture de vos expériences, j'ai pris la décision d'essayer
d'établir et d'opérer une mission médicale—peut-être dans l'Amérique du
Sud—après que j'aurais gagné mon grade de MD., lequel selon mon
entente, réclame un minimum de sept ans à accomplir. (Une éternité pour
une personne de 37 ans!) Bien vrai qu'il y a cependant beaucoup de choses
à faire outre l'étude de la médecine. (A ce point je ne sens aucun désir de
vous faire la belle liste de préparatifs matérialistes, politiques, académiques
et spirituels nécessaires à une telle entreprise. Vous les connaissez de trop.)

---

* M. et Mme Beau furent envoyés à Lambaréné par Mellon pour faire la connaissance
de Schweitzer, et l'interroger au sujet de sa philosophie et son hôpital (voir lettre dans
l'appendice B). Ancien cavalier militaire français, Jacques Beau devint citoyen américain et
servit comme capitaine avec la troisième armée américaine pendant la deuxième guerre mondiale. Il fit la connaissance de Mellon dans l'OSS. Il devint régisseur du Ranch Mellon en
Arizona, et plus tard, premier administrateur de l'Hôpital Albert Schweitzer à Haïti.

Ce que je vous prie, Docteur Schweitzer, c'est que vous tâchiez de faire voir à Jacques et à Anne Beau la partie de son existence dans laquelle vous croyez que l'humanité a le plus grand besoin de «guérison.» En d'autres termes, comment une paire de jeunes gens vivant aujourd'hui peuvent-ils aider à soulager le fardeau que les fils d'Adan traînent vers cette chose qu'on désigne «la civilisation?»

Dieu vous accorde la bonne santé et des forces pour continuer. Veuillez, cher Docteur Schweitzer, me compter entre vos admirateurs de terres lointaines.

Sincèrement à vous,
Larimer Mellon

Dr. Albert Schweitzer
Lambaréné
Afrique Équatoriale Française
le 27 février 1948

Monsieur W. L. Mellon, Jr.
Apache Maid Livestock Company
Rimrock, Arizona, USA

Cher Monsieur Mellon,

Je suis bien touché de l'intérêt que vous portez à ma pensée et à mon oeuvre. Je me réjouis de voir ici M. Beau, que vous envoyez chez nous, avec sa femme. Ils seront les bienvenus. J'écris longuement à M. Beau pour lui donner toutes les indications utiles pour son voyage. Je regrette de ne pas avoir le plaisir de vous voir ici aussi vous-même, mais j'espère que j'aurai encore l'occasion de vous voir un jour, soit en Europe soit aux USA (si j'ai encore le temps et la force d'y venir).

Cela vous intéressera peut-être que M. votre oncle, le Secrétaire d'État, M. Andrew Mellon* et moi nous avons reçu ensemble le Doctorat honoris causa à l'Université d'Edinburgh. Au dîner qui suivait la cérémonie, M. Mellon et moi nous étions de la même table. C'était lui qui était désigné pour parler au nom du nouvellement promu et de répondre au Vice-Chancelier de l'Université. Quand il avait fini son discours, une voix s'est élevée à la table du Vice-Chancelier qui disait: «Alors M. Mellon, comme on vous a fait Docteur d'Edinburgh, il ne peut naturellement plus être question que la Grande Bretagne paie ses dettes à l'USA. Vous allez

---

* Renseignement erroné: Andrew W. Mellon, grand-oncle de Larimer Mellon, fut Secrétaire du Ministère des Finances aux États-Unis de 1925–32, ambassadeur en Angleterre de 1932–33, et donateur de la Galerie Nationale d'Art à Washington, D.C.

arranger cela.» C'était une très belle journée. Il régnait une grande cordialité. Alors, ayant connu l'oncle, j'espère aussi connaître le neveu, et je suis charmé d'être déjà en relation avec lui.

Ce que j'ai appris de M. Beau sur votre activité m'intéresse beaucoup. Que je corrige une des fautes dans le texte de *Life*. Ce n'est pas exacte que je pense que le monde n'aura pas de compréhension pour les pensées qui peuvent créer un esprit capable de mener l'humanité vers un nouvel avenir. Je crois que ceux qui travaillent à ce nouvel avenir formeront un groupe et auront une influence efficace, rien que par la force de la vérité au service de laquelle ils se sont mis. Et vous pensez bien que je suis peiné des superlatifs stupides dont l'auteur du texte de *Life* abuse à mon égard.

Merci, cher M. Mellon, de l'initiative que vous avez prise.

Avec mes bonnes pensées, votre dévoué,
Albert Schweitzer

Dr. Albert Schweitzer
Lambaréné
Afrique Équatoriale Française
le 3 mars 1948

M. Larimer Mellon
Fort Rock Ranch
Seligman, Arizona, USA

Cher Monsieur Mellon,

J'ai devant moi votre si bonne lettre du 18–12–47. J'aurais voulu en parler longuement avec M. Beau et je m'étais arrangé d'être libre (autant que je le puis dans ma situation) pour avoir du temps tranquille avec M. Beau le samedi 28 février avant son départ. Mais comme vous l'avez sans doute appris par M. Beau, j'ai dû [passer] toute cette journée pour chercher un bateau qui l'amènerait au Port Gentil, ayant appris ce matin que celui qu'on nous avait promis ne serait pas disponible, n'étant pas rentré du voyage qu'il avait fait. Hélas, dans ce pays on ne fait pas comme on veut pour les déplacements, on dépend toujours d'occasions.

Je vous réponds donc par écrit.

En lisant votre lettre j'ai été très ému et je sentais une certaine responsabilité vis à vis de vous, comme la connaissance de ma vie a agi sur votre décision de vous dévouer à une entreprise semblable. Mais en même temps je me suis réjoui de ce que vous vouliez employer votre vie pour servir et je me suis dit que c'était votre destinée et que vous connaîtrez un bonheur profond de l'accomplir. Donc je vous considère comme un cher frère et je vous parle comme tel. Et que ce soit l'esprit qui émane de Jésus qui vous pousse dans cette entreprise, me la rend doublement compréhensible et précieuse. Que Dieu vous aide et vous bénisse dans la voie dans laquelle vous vous engagez.

Et maintenant je parle de la route que vous aurez à prendre avec l'expérience de quelqu'un qui l'a fait . . .

Vous ne vous cachez pas, qu'elle sera difficile. Vous voulez faire des études médicales complètes et vous avez raison. Car certainement en ayant les qualités et l'autorité d'un médecin, on peut faire du bon travail dans ce domaine.

Une des premières et des plus sérieuses difficultés est donnée par votre âge. J'ai moi-même fait l'expérience, qu'à partir d'un certain âge on a des difficultés bien plus grandes à assimiler des connaissances nouvelles qu'à l'époque de la jeunesse. La mémoire n'est plus assez vive pour maîtriser les connaissances à acquérir. Vous vous en ressentirez encore plus que moi, car vous étudiez dans un âge encore plus avancé que ne fût le mien. Par contre vous avez le grand avantage sur moi de pouvoir vous concentrer entièrement sur les études à faire . . . moi, je devais gagner à côté ma vie, avoir une activité pastorale, et terminer des livres. Combien ai-je souffert de cet état de choses que je ne pouvais changer! Que vous puissiez vous concentrer entièrement sur la médecine vous donne la garantie que vous réussirez malgré les difficultés que vous créera l'âge. Vous pouvez être tranquillisé à ce sujet.

Ce serait d'un grand avantage si vous possédiez déjà les connaissances en physique et en chimie.

Pour les études du commencement concentrez-vous sur l'essentiel à l'anatomie et la physiologie. En zoologie et botanique n'apprenez que juste ce qu'il faut pour passer les examens. Moi-même j'ai commis la faute de trop m'enfoncer dans l'étude de ces deux branches . . . En chimie prêtez avant tout attention à ce qui importe pour la médecine.

L'étude de la médecine avant les études chimiques est une dure épreuve de patience. On se trouve devant une porte ouverte sans encore pouvoir entrer dans le bâtiment. Mais il faut patienter et ne pas s'énerver.

Une fois que vous abordez la véritable médecine, c'est une toute autre chose. Vous vous rendez à chaque instant compte à quoi vous sert ce que vous apprenez.

Mais faites bien attention d'avoir dès le commencement une base solide dans les choses pratiques: l'examen des malades et les travaux de laboratoires pour les examens du sang, des urines. Des lacunes dans ce domaine ne se comblent jamais complètement dans la suite. Il faut que le fondement des connaissances cliniques soit absolument solide.

Pour vous il sera important que vous ayez des connaissances théoriques et pratiques en chirurgie, car vous vous trouverez un jour certainement dans une situation où vous ne pourrez pas diriger là bas de chirurgie sur une base classique chirurgicale mais où vous serez obligé de pouvoir pratiquer les opérations courantes vous-même. Mais consolez-vous! Cette chirurgie courante n'est pas difficile . . . quand on possède des connaissances solides d'anatomie, c'est à dire d'anatomie topographique. La technique chirurgicale en elle-même est une chose simple. Ce qui est difficile, c'est d'avoir [présent] les structures de la partie du corps sur laquelle on travaille. C'est elle qui dicte comment faire et comment ne pas faire.

Dès que vous serez dans la clinique, profitez de vos vacances pour être dans des cliniques chirurgicales et vous familiariser avec la matière, surtout dans des petites cliniques où vous pourrez avoir l'occasion de faire l'assistant.

Une autre branche qui a de l'importance particulière pour vous, c'est l'urologie. Il faut que vous sachiez ouvrir convenablement une vessie et opérer une urètre sténosée quand les autres moyens n'auront pas abouti.

Mais la grande chirurgie avec les opérations qui demandent une véritable maîtrise, n'a pas d'intérêt pour vous. Vous devez la connaître théoriquement, mais vous ne pourrez vous lancer à la pratiquer.

Autre chose: En matière pharmaceutique il faudra avoir de bonnes connaissances pratiques, car vous aurez probablement comme moi, à être votre propre pharmacien. Faites durant les vacances une fois un stage chez un pharmacien de campagne. Apprenez sur ses rayons à connaître pratiquement les matières pharmaceutiques, familiarisez-vous avec les travaux pratiques (faire un onque, etc.).

Une chose qui vous étonnera de ma part: dispensez-vous d'études spéciales sur les maladies tropicales! Si vous êtes un jour dans des régions tropicales vous vous familiariserez avec les maladies et les traitements sur place, en vous renseignant dans les livres. Il faut avoir sous les yeux les cas de ces maladies pour les connaître. Ce n'est que plus tard, quand vous serez familiarisé avec elles, que vous aurez un profit d'une étude plus approfondie auprès des maîtres en la matière. Si vous connaissez bien les travaux courants de laboratoire et de microscopie vous êtes absolument outillé pour étudier sur place, guidé par des livres, les maladies coloniales.

Et surtout: ne vous proposez pas de passer brillamment les examens. Contentez-vous de vous faufiler à peu près honorablement à travers.

Et pas de thèse de doctorat à prétentions! Prenez un sujet limité qui ne vous demandera pas de recherches trop vastes . . . juste ce qu'il faut pour décrocher le titre.

Il vous importe avant tout, d'avoir des connaissances élémentaires et pratiques, solides et étendues. Gardez cela bien en vue durant toutes vos études.

Si je garde la vie, venez pendant vos études une ou deux fois passer vos vacances ici (juin à octobre) durant la bonne saison. Vous aurez l'occasion d'acquérir des connaissances pratiques grâce au grand matériel humain qui sera à votre disposition. Ce sera une bonne occasion d'apprendre à diagnostiquer et à traiter. Vous voyez que je commence déjà à tisser des rêves.

Quant à trouver le champs d'activité, c'est plus difficile à conseiller, car on ne peut pas prévoir.

Si vous cherchez une activité humanitaire en Amérique du sud, vous aurez à faire aux difficultés que vous créera le nationalisme de ces pays. On fera comme si c'est une grâce qu'on vous permette de faire le bien parmi ceux qui ont besoin de l'aide d'un médecin. On vous imposera peut-être des conditions humiliantes, on vous demandera peut-être de prendre aussi les degrés en médecine péruvienne, chilienne, uruguayenne, paraguayenne, nicaraguayenne. Le nationalisme justement de ces peuples qui nouvellement commencent à évoluer sur la scène politique est capable des prétentions les plus sottes . . .

Plus facile sera sous ce rapport de trouver une activité dans une colonie, par exemple comme médecin sur une station missionnaire américaine. Ces stations ont besoin de médecins pour la population de leur contrée—elles n'en trouvent pas d'abord parce qu'il n'y a pas assez de médecins qui s'offrent et ensuite parce que les moyens en budget de la Mission ne permettent pas la dépense occasionnée par un médecin et un hôpital. Vous, qui n'aurez pas à demander un traitement à la Mission et qui pourrez pourvoir en grande partie aux frais d'un hôpital primitif, vous serez reçu comme un ami désiré. Vous aurez la possibilité de travailler dans de bonnes conditions et de rester en même temps un homme indépendant, n'étant pas payé mais vivant de vos propres moyens. Et l'indépendance est de première importance si l'on veut faire quelque chose de bien de la bonne façon! Il faut être résigné à tous les sacrifices, mais en cherchant à éviter autant que possible celui de l'indépendance. J'ai même ici une existence très dure sous bien des rapports. Mais je trouve l'énergie de la mener parce que j'ai gardé mon indépendance—La trouvant, je ne pourrais pas [m'en passer]. Oh, l'apôtre St. Paul nous a donné l'exemple d'un homme qui dans toute humilité connaît cependant la valeur de l'indépendance et s'ingénie à la conserver!

Mais pendant vos vacances, avec les facilités de voyager d'aujourd'hui vous aurez le temps d'étudier sur place la question de l'activité à envisager. Il y a aussi à prendre en considération la lutte contre la lèpre qui va s'engager à la suite des nouveaux moyens de la mener, qui demandera des médecins . . . et aura de la peine à trouver le nombre suffisant!

Et voici que je vous ai exprimé ce qui concerne votre grande décision d'après mes expériences.

J'espère que nous pourrons nous entretenir un jour plus amplement quand j'aurai le plaisir de vous voir. Je vous signalerai quand je serai en Europe, dans le cas où vous auriez à faire en Europe et pourriez vous arranger à être avec moi.

A présent, j'ai encore à vous remercier de ce que vous m'avez fait parvenir comme cadeaux précieux par M. Beau! J'ai été bien touché par votre bonté. La plume est une merveille. Elle me rend grand service parce qu'elle convient à mes pauvres mains torturées par la crampe des écrivains. Je l'emploie surtout quand il s'agit d'écrire plus finement que d'ordinaire. Elle est toujours sur ma table. L'admirable pipe est, hélas, un anachronisme! J'étais un grand fumeur et fumais des pipes comme étudiant. Mais le 1er janvier 1899, comme étudiant à Paris, j'ai pris la résolution de ne plus jamais fumer et je l'ai tenue! Mais si vous le permettez, je garderai néanmoins cette sérieuse pipe pour la donner un jour à un fumeur qui m'aura rendu un grand service. Car dans ce pays on a toujours besoin de personnes se dévouant pour rendre service. Sans une personne de ce genre je n'aurais pas trouvé l'embarcation pour conduire M. et Mme Beau à temps à Port Gentil. Le directeur de l'atelier de réparation d'une grande maison coloniale a pris sur lui de mettre à notre disposition la seule embarcation disponible, quoiqu'à cette époque on évite d'envoyer à Port Gentil les embarcations à cause des tornades qui peuvent leur devenir funestes quand elles séjournent en rade. Il n'y a pas de façon pour les mettre en sûreté. Et laissant tout son travail, ce monsieur a pris soin de réviser minutieusement le moteur pour qu'il n'y ait pas de défaillance en route . . .

Merci de tout ce que vous m'avez fait parvenir. . . . Les médicaments que M. Beau a «tremballés» durant tout son voyage m'ont été très précieux. Aujourd'hui encore j'ai honte d'avoir pu lui demander ce service sans me représenter les ennuis que cela devait lui valoir au passage des douanes successives. On a beau avoir acquis de l'expérience et de la sagesse grâce aux années: il y a cependant encore des erreurs qu'on commet par inattention.

Nous avons eu beaucoup de plaisir à avoir M. et Mme Beau parmi nous. Mais c'était bien dommage qu'ils n'aient pu rester que quelques jours. Et justement pendant ces quelques jours j'étais encore plus occupé que d'ordinaire parce qu'il fallait introduire la doctoresse et les nouvelles infirmières dans le service et faire des déballages. Et le seul jour dont j'aurais pu disposer dans presque sa totalité pour être à M. Beau et lui parler de choses qu'il avait à coeur, j'ai dû le sacrifier à des pérégrinations à la recherche d'une embarcation pouvant les conduire dans la nuit à Port Gentil . . . Mais M. Beau m'a dit qu'il pensait une fois revenir à Lambaréné. J'espère aussi le voir peut-être quand je serai en Europe.

Je ne vous envoie pas cette lettre directement. M. Beau me disait qu'il tiendrait à vous la remettre lui-même. Laissez-moi encore vous dire toute ma reconnaissance d'avoir envoyé M. et Mme Beau en éclaireurs. Nous leur gardons une grande affection.

Je reviens à la question de la recherche pour votre activité. Naturellement vous rechercherez aussi dans des pays de l'Amérique du Sud qui vous sont familiers. Vous êtes plus aptes à juger quelles possibilités et quelles conditions vous y trouveriez. Vous, un citoyen américain qui connaît le pays et les besoins de ses habitants. Mais n'acceptez jamais de conditions onéreuses et inhibantes.

Cette lettre est devenue bien plus longue que je ne le pensais. Mais j'ai bien joui de m'entretenir avec vous, même au moyen de la plume et de vous faire connaître la grande sympathie que vous m'inspirez.

Une remarque à propos des évangiles—celui qui nous fait connaître le mieux Jésus tel qu'il était durant son action en Galilée et à Jérusalem est celui de St. Mathieu. C'est là que nous trouvons ses paroles et ses actes au comble. C'est cet évangile qui seul nous permet de retracer la marche des événements qui l'ont conduit à envisager sa mort comme un sacrifice pour d'autres et à aller vers cette mort. C'est dans St. Mathieu seul que nous est conservé le Sermon de la Montagne et des discours et des paraboles qui nous font comprendre la notion du Royaume de Dieu et la place centrale qu'elle occupe dans sa notion de la religion. Chez St. Marc il manque de récits importants, sans que nous en puissions découvrir les raisons. Et voici que je termine sur un propos de théologie.

Je vous envoie, cher frère et compagnon d'activité toutes mes bonnes pensées et mes voeux pour votre réussite. Veuillez dire bien des choses de ma part à votre femme. Et qu'il nous soit donné de nous rencontrer bientôt.

Votre dévoué,
Albert Schweitzer

Fort Rock Ranch
Seligman, Arizona
le 16 mai 1948

Cher Docteur Schweitzer,

Mme Mellon et moi sommes retournés de l'Amérique du Sud sous peu à trouver votre si aimable lettre qui nous attendait entre les mains de Jacques et Anne Beau. Il n'est pas nécessaire de vous dire combien nous nous sommes réjouis de voir l'une et les autres! Depuis ce jour-là, le 12 mai, nous nous sommes entretenus quatre soirs successifs par la récitation des événements rencontrés en leur voyage et par les messages encourageants de votre part dirigés aux néophytes américains.

Permettez-moi de vous dire, cher Docteur Schweitzer, que pour ma brave femme et moi vos expressions d'intérêt et de courage nous sont arrivées dans un bon moment car l'enthousiasme pour le succès de l'acquisition de nos M.D. exhibés par les dirigeants de plusieurs écoles de la médecine ici aux États-Unis n'a pas été des plus exagérés! Après avoir lu votre dernière lettre je me rends compte que pour vous aussi la route écolière ne fut pas toujours plane. Hélas, ils se méfient de mes cheveux gris et je n'essaye pas même de leur faire croire la vérité que ces mêmes cheveux couleur grise se sont présentés tout d'abord à l'âge de douze ans. Tant pis!

Pour que vous puissiez voir que le temps employé en la composition de vos conseils et leur transcription, voilà un petit sommaire que ma femme et moi tâchons de nous fixer dans la tête. «Pas de conditions humiliantes—Indépendance surtout—Concentrer sur l'essentiel, l'anatomie et la physiologie au début, la chimie qui touche sur la médecine, la pharmacie pratique, l'examen des malades et tous fondements de connaissances cliniques, la technique chirurgicale, principes et technique de l'urologie—Pas de temps gâté sur les études spéciales comme celles des maladies tropicales—Ne pas choisir de thèse à prétention—Ne pas attendre de passer brillamment les examens.» Votre longue expérience et votre grande sympathie en nous la faire abordable sont des faits que nous gardons carrément devant les yeux.

Il vous intéressera, je suis sûr, de connaître que la semaine passée nous avons visité la Nouvelle Orléans dans l'état de Louisiane où dans l'espace de trois jours et demi nous nous sommes inscrit à l'Université de Tulane pour le semestre prochain, nous avons arrangé l'enrôlement de nos deux petits dans une école locale excellente (les deux aînés assisteront à un collège épiscopale qui s'appelle Saint Paul's School situé à Concord, New Hampshire), et ce qui est encore difficile depuis la guerre, nous avons pu nous arranger une maison agréable où nous espérons fort que vous et Madame Schweitzer nous ferez une visite une fois que vous serez de ce côté de l'Atlantique. (Et ici, avant que je ne l'oublie, je vous indique l'adresse. C'est 301 Northline St., New Orléans, La.)

De ma part, il me manque 58 crédits pour entrer dans l'École de Médecine de Tulane, tandis que ma femme n'a besoin que de la moitié de ce nombre puisqu'elle possède déjà son grade universitaire de B.A. Quant à moi, je n'ai complété que ma première année vers le même grade. Gwendolyn a eu deux années de la physique mais rien de la chimie, tandis que moi, j'ai étudié la chimie durant deux années mais jamais la physique. Ni l'un ni l'autre n'a étudié jusqu'à cet hiver passé, la biologie. Vous voyez alors l'état de nos connaissances mesquines! Selon l'avis des conseillers de Tulane, il nous faudra au moins deux années d'études avant de pouvoir entrer dans une école de médecine, mais quoique j'aie plus de terrain à parcourir, à Gwendolyn aussi il faudra aussi un minimum de deux années pour la raison qu'elle ne peut commencer la chimie organique qu'après avoir dépassé la chimie inorganique et l'analyse quantitative et qualitative.

Quelle belle surprise de recevoir les maints beaux cadeaux que votre généreuse amabilité nous a fait parvenir par la voie de Jacques et Anne! Les figures en pierre gravée et le masque travaillé d'un bois léger sont des merveilles de l'art primitif qui orneront notre nouvelle demeure. Le petit plateau taillé de bois noir entouré d'un serpent et d'un crocodile se pose sur mon bureau et me fixent de leurs regards d'un oeil méchant. Les petites nappes tissées d'une herbe fine tant que les défenses de hippo et la dent de sagesse d'éléphant prêtent leur intérêt à notre cheminée. En me livrant la dernière, Jacques m'a répété votre avis qu'il fallait attendre le jour auquel l'aridité ici fera éclater la grosse dent; et je dois vous dire qu'avant que la nuit soit passée une grande claque s'est fait entendre d'une telle force que ma femme s'est réveillée de son sommeil pour en chercher la cause—qui n'était autre que la dent de sagesse fendue de tout son long! Mais ce qui nous touche le plus de toutes les amitiés dont vous avez vu bien de nous combler, celle d'avoir exprimé le désir que nous profitions au moins d'une vacance à Lambaréné nous dit plus que toutes les autres, et nous songeons déjà au jour quand nos connaissances le mériteront.

Ce que vous m'écrivez au sujet du livre de Saint Mathieu m'inspire à répéter l'expérience que j'ai faite avec celui de Saint Marc, c'est-à-dire, de le lire en arabe . . . ce qui est pour moi une dure tâche, puisque ma connaissance de cette langue est imparfaite. Néanmoins cet exercice me fournit plusieurs avantages . . . premièrement, il exige que j'y prête la plus grande attention et que mon allure ne soit pas précipitée. Deuxièmement, par ce moyen je me trouve forcé de temps en temps de comparer minuti-eusement le texte arabe avec celui de ma propre langue pour vérifier le sens, et ce procédé tient tant à m'éclairer la compréhension qu'à enchérir son intention sur ma mémoire. Troisièmement, n'ayant jamais étudié ni l'hébreu ni l'aramaique je ne me sens plus rapproché aux paroles de Jésus par la proximité de l'arabe que je me sens dans la lecture anglaise. Dernière-ment, et ceci vous fera rire, il faut réaliser que pour un presbytérien plus que pour n'importe quel autre chrétien, les besognes pénibles et les far-deaux lourds rendent, hélas, plus de satisfaction spirituelle! Ainsi que je termine ma lettre, sans l'avoir préméditée, aussi «sur un exposé de théo-logie.» Veuillez me pardonner, mon cher ami respecté, l'allusion que mon «exposé» soit tellement théologique que sur l'usage presbytérien que je connais à force de l'avoir observé dès mon enfance entouré de parents écossais!

J'espère ne pas vous avoir fatigué par la longueur de cette lettre, mais vous avez été si généreux envers nous et envers Jacques et Anne Beau de tous les points de vue . . . votre temps, votre conseil, et les beaux objets qui nous sont arrivés de votre part, que nous ne voudrions pas manquer la moindre occasion pour vous communiquer notre gratitude chaleureuse pour tous les aimables services que vous et ceux qui sont auprès de vous nous avez rendus.

Croyez nous sincèrement à vous,
Larimer Mellon

Albert Schweitzer
Lambaréné, Gabon
Afrique Équatoriale Française
le 28 juillet 1948

Larimer Mellon et Jacques Beau
301 Northline St.
New Orleans 20, La. USA

Chers amis,

J'ai reçu par Industrial Labs la reconnaissance (Bills of Lading) de toutes les choses si précieuses que vous faites parvenir à l'hôpital. J'ai été tout à fait confondu de votre générosité envers mon oeuvre. Que de services nous rendront ces tissus! Et quand je vois les gens de mon personnel indigène se promener en haillons, je me figure la tête qu'ils vont faire quand on leur mettra les pantalons et les chemisettes que nous recevrons de vous! Je me réjouis d'avance de voir leurs figures ébahies! Ils sont si modestement payés, comparés aux indigènes au service d'autres entreprises européennes. Alors, je suis tellement content de pouvoir, grâce à vous, leur donner des effets d'habillement. Et comme ils sauront que c'est de vous que cela vient, ils vous béniront.

J'ai de nouveau eu beaucoup de travail avec les pompes. Je crée une nouvelle salle pour la pouponnière (afin qu'on n'ait plus tous ces bébés dans la salle de consultation). J'ai fait des arrangements nouveaux dans la maison des malades blancs. Toujours on croit avoir fini avec la besogne de ce genre et toujours elle serait comme les têtes d'un hydre! Et de cette façon on joue au Hercule moderne.

J'ai toujours le grand regret de ne pas avoir pu assez me libérer quand vous étiez ici. Mais on ne peut rien faire contre le sort.

Avec mes bonnes pensées pour vous et votre chère femme, et merci de toute votre bonté!

Votre dévoué,
Albert Schweitzer

Merci, un grand merci, des si belles photographies que vous m'avez envoyées.

Albert Schweitzer
Lambaréné (Port Gentil)
Afrique Équatoriale Française
le 20 avril 1950
Via Günsbach

Mr. W. L. Mellon (Larimer)
301 Northline St.
New Orleans 20, La. USA

Cher ami,

Bien souvent je pense aux heures que j'ai eu le plaisir de vous voir parce que vous avez assumé la grande fatigue de faire ce voyage.* Je vous en suis si reconnaissant. Ce souvenir est un des plus précieux de mon voyage. Je n'ai pu vous écrire comme j'aurais voulu, parce que j'ai eu des mois extrêmement difficiles ici. Souvent je me demandais, si je tiendrais debout sous le fardeau des soucis et du travail. Depuis mi-février j'ai deux très bons et sympathiques jeunes médecins à côté de moi qui me déchargent déjà beaucoup. Et ces jours-ci est arrivé un excellent chirurgien pour quelques mois qui doit instruire ces deux jeunes en chirurgie. Ils sont déjà bien avancés en chirurgie mais il faut aussi qu'ils connaissent toute la chirurgie, aussi les opérations les plus difficiles. Et pendant que je vous écris les trois font ensemble l'opération d'une tumeur gynécologique très difficile, à la lumière électrique fournie par votre moteur! Que de fois on vous a béni de ce moteur, quand on a dû travailler à la salle d'opération la nuit. Il marche très bien et nous l'entretenons de notre mieux.

A mon arrivée j'ai aussi pu me rendre compte de tout ce que comprenait votre envoi. Tout nous est extrêmement utile. Vous avez eu la main très heureuse dans le choix que vous avez fait pour nous. Le grillage galvanisé a permis à Mlle Emma † de remplacer celui qui était vieux et qui avait des trous. Les seaux sont très pratiques. Les tissus en couleur, et les tissus blancs ont trouvé leur emploi et tout le monde a été enchanté de leur qualité remarquable. Les infirmières apprécient beaucoup les robes de service qu'elles ont eu de ces tissus. Le fil aussi a rendu des grands services. Et le Promine et l'Hypercilline sont venus juste au bon moment. On en

---

* Schweitzer ne visita Les États-Unis qu'une seule fois, pendant l'été 1949, pour faire un discours au Congrès du Bicentenaire de Goethe à Aspen, Colorado. Le 17 juillet, Larimer Mellon vint à New York et y rencontra le Docteur et Mme Schweitzer pour la première fois. Mellon et Schweitzer passèrent deux heures ensemble en se promenant autour de Gramercy Park.

† Mlle Emma Haussknecht, institutrice en Alsace auparavant, fut la deuxième infirmière à arriver à Lambaréné. Elle s'occupa des infirmières, de l'administration, et de la préservation de l'artisanat régional. Collègue proche du Docteur Schweitzer, elle fut une des infirmières parmi le petit groupe du personnel qui resta à l'hôpital pendant la deuxième guerre mondiale.

manquait justement. Vous avez su que les colis ont séjourné longtemps dans le hangar de douane d'abord à Pointe Noire ensuite à Port Gentil. Mais Mlle Emma a mobilisé tout le monde et finalement tout a bien marché. Merci de tout coeur de cet envoi si précieux.

Je ne puis encore prendre de repos. Du matin au soir je suis au service en bas à l'hôpital pour bien initier les deux nouveaux médecins au travail médical et paramédical. Car pour la bonne marche des choses il est nécessaire que les médecins s'occupent de bien de choses en dehors de la médecine. Je veux à présent mettre le service en train pour qu'il puisse fonctionner dans mon esprit et dans mes traditions aussi quand je ne serai plus de ce monde. C'est pour cette raison que j'initie ces deux médecins qui ne viennent pas seulement pour deux ans mais qui ont l'intention de se dévouer à mon oeuvre. L'opération vient de se terminer. Votre moteur cesse de ronfler. Et vous voici plongé dans vos études . . . Vous passez par les années bien difficiles, comme je l'ai fait moi. Mais après, c'est la belle activité qui vous attend . . .

Avec toutes mes bonnes pensées, cher frère, pour votre femme et vous. Ma femme aussi vous salue, Mlle Emma également. Et au revoir . . .

De coeur votre,
A. Schweitzer

301 Northline Street
Metairie Park
New Orleans, Louisiana
le 28 mai 1950

Cher Docteur Schweitzer,

Vous ne pouvez pas savoir combien de joie les nouvelles de Lambaréné ont apporté à Gwen et moi, d'abord pour confirmer le fait que Dieu vous garde en santé robuste et que depuis février vous avez à côté de vous les deux jeunes médecins dévoués. Nous espérons fort qu'ils réussissent à vous épargner tout un tas de détails parmi lesquels se trouve celui de la pompe à eau chaque fois qu'elle se rend capricieuse et maline. Se peut-il que votre besoin actuel est d'un mécanicien pour raccommoder les tuyaux, la fameuse pompe, et je ne sais quelles autres machines ennuyeuses de ce genre-là? Mais avant de répondre, prenez garde, Docteur Schweitzer, car vous y découvrirez un piège—c'est bien moi, le mécanicien-cowboy qui vous irait au secours!

Hier à midi ma première année d'études médicales s'est achevée et, comme vous l'avez prédit, je suis fort content que je n'éprouverai plus pour un temps les découragements amères qui m'ont presque désespérés plusieurs fois, au moins, pas les *mêmes* amertumes car je ne doute pas qu'encore d'autres ne m'attendent!

Enfin cette lettre vous est dirigée pour vous faire savoir qu'ici dans notre petit coin du monde on pense souvent à vous, cher frère, et à votre brave petite femme qui quitte l'Afrique justement en ces jours pour retourner de nouveau en Allemagne où sa santé doit beaucoup se rétablir. Tous nos bons souhaits la suivent.

De notre part, nous avons toujours grande envie de visiter votre hôpital comme vous m'avez proposé «après avoir terminé la deuxième année d'étude,» soit d'ici un an. Si à ce temps-là il est convenable que ma femme m'accompagne je vous demanderai la permission de l'amener—car je tiens à ce qu'elle puisse piger de près les problèmes principaux qui se posent dans les circonstances équatoriales. Là-dessus vous avez ma parole qu'il s'agit d'une femme intelligente, habile et discrète, pour ne pas mentionner sympathique.

Il est utile, je crois, de vous indiquer que nous gardons toujours les yeux tournés vers le Brésil. J'ajoute ceci pour ne pas vous embêter avec le souci que nous pensions peut-être dépasser un séjour de mettons, 4 à 6 semaines durant mes vacances d'été de 1951. (Du premier juin à mi-septembre environ les vacances durent.)

Durant l'été en cours, si tout continue tranquille et cetera chez les communistes, je compte amener toute la famille en Europe au mois d'août, et si cela se réalise nous tenons à passer par Günsbach pour faire la connaissance de Mme Martin* dont les Beau nous ont tant régalé. *Ne vous incommodez pas,* je vous prie, Docteur Schweitzer, pour m'écrire avant qu'une occasion relativement calme ne se présente ainsi que je n'attendrai mot avant la fin de cet été. Cependant, que le travail continue au gré du Seigneur.

A vous de coeur,
Larimer Mellon

301 Northline Street
Metairie Park
New Orleans, Louisiana
le 14 janvier 1951

Cher Docteur Schweitzer,

Malgré la mauvaise mine des affaires politiques mondiales, ma femme et moi vivons dans l'espoir de pouvoir aller auprès de vous au mois de juin si toujours vous trouvez que notre visite serait utile du point de vue hôpital. Comme je vous ai écrit il y a quelque temps, nos études continuent à pleine force et voici que Gwen (ma femme) se trouve maintenant à

---

* Mme Emmy Martin, veuve d'un pasteur qui fut un ami de Schweitzer, renonça à une carrière prometteuse de chanteuse pour se dévouer à l'hôpital, et géra les affaires européennes depuis Günsbach pendant presque quarante ans.

l'emploi du chef de la division de médecine tropicale de Tulane University ici à la Nouvelle Orléans. De mon côté, je suis au milieu de ma deuxième année à l'École de Médecine de la même université. Tel est, pourtant, l'état de nos connaissances actuelles.

Or, nous vous prions de nous faire savoir, Docteur Schweitzer, si notre présence à Lambaréné serait praticable, ou bien ennuyeuse pour faute d'espace ou n'importe quelle autre raison. Si nous entreprenons le long trajet, je vous préviens que ce ne sera pas pour une semaine ni pour deux, mais pour un mois ou deux au plus court! Ce sont là des choses qu'il faut avouer d'avance! Comme cela, vous comprendrez l'importance d'empêcher notre départ d'ici dans le cas où vous le trouviez inconvenable.

J'ai eu le plaisir de revoir Emory Ross* plusieurs fois à New York et à chaque occasion je l'ai trouvé occupé dans le travail des Nations Unies. Espérons que ses efforts ne seront pas pour rien.

Recevez nos salutations les plus chaleureuses, cher Docteur Schweitzer, et sachez que votre travail brille toujours de plus en plus ardemment devant les yeux de mes compatriotes.

> A vous de coeur,
> Larimer Mellon

> Docteur Albert Schweitzer
> Lambaréné
> Afrique Équatoriale Française
> avril 1951

Monsieur Larimer Mellon
301 Northline Street
New Orleans 20, Louisiana USA

Cher ami,

Merci de vos lignes et la belle carte pour le commencement de l'année. L'année pour moi a été très dure jusqu'ici. J'ai dû travailler au dessus de mes forces. Et la correspondance en a souffert. Heureusement que Mme Martin pendant son séjour m'a beaucoup aidé en écrivant des lettres.

A présent je viens vous parler au sujet de votre plan de venir pour quelques mois ici en juin. Je vous avais dit que si vous étiez arrivé à un certain point de vos études, vous auriez intérêt à vous rendre compte de ce qu'est la médecine en Afrique. Mais à présent, il y aura peut-être une

---

* Le Docteur Emory Ross servit comme missionnaire en Afrique pendant longtemps. Il joua un rôle important dans l'établissement de Albert Schweitzer Fellowship à New York. Membre du Conseil d'administration de la Fondation Grant, il fut un ami proche de Schweitzer et de Mellon.

difficulté. Il se peut que je sois obligé d'aller en Europe en été. Et je ne rentrerais qu'à la fin de l'automne. Je ne puis pas encore décider à présent mais je dois compter avec l'éventualité. Ceci est tout à fait entre nous, car je ne puis encore faire mes plans. Mais je crois que vous n'aurez pas de bénéfice de votre séjour, si je ne suis pas ici, surtout que les deux jeunes médecins qui feraient le travail en mon absence ne seront pas encore bien au courant.

Je vous propose donc de ne pas faire le plan de venir ici cet été. Il y a plus de probabilité que nous nous voyons en Europe, cet été. Si alors, en novembre ou fin octobre, vous vouliez venir avec moi à Lambaréné et passer l'hiver ici, ce serait bien. Mais peut-être, comme vous devez changer vos plans, vous auriez intérêt à continuer vos études et à venir plus tard. Mais en principe, il faut retenir que vous n'aurez tout le bénéfice de votre séjour ici que si vous venez quand je suis ici. Hélas, je suis un pauvre être, qui ne peut pas arrêter ses plans d'avance, mais qui dépend des circonstances. Et voici que vous avec moi, vous souffrez de ce que les circonstances me commandent. Je ne pourrai vous faire savoir, seulement dans trois ou quatre semaines, quelles seront mes décisions; mais je crois pouvoir vous dire dès maintenant, qu'il y a une probabilité plus grande que je sois en Europe, qu'autrement. Mais ne parlez à personne de cela, car je ne voudrais rendre mon plan publique que quand je pourrai bien le fixer. Et ce serait aussi joli de se voir en Europe. Donc prenez vos dispositions en conséquence. Je ne puis vous écrire plus longuement ce soir, car mes yeux et ma main sont fatigués. Je pense bien souvent à vous et je me figure que vous aussi vous devez faire un grand effort pour mener à bonne fin le travail de vos études.

Avec mes bonnes pensées pour vous et votre femme.

Votre dévoué,
Albert Schweitzer

LARIMER MELLON
301 NORTHLINE STREET
NEW ORLEANS, LA. USA
LE 29 AVRIL 1951

DR. ALBERT SCHWEITZER
LAMBARÉNÉ, GABON
AFRIQUE ÉQUATORIALE FRANÇAISE

LETTRE DE NUIT

NÉCESSAIRE FIXER NOS PLANS D'ÉTÉ. MADAME MELLON ET MOI SERONS DÉFINITIVEMENT EN AFRIQUE JUILLET ET AOÛT. SI VOUS RESTEZ LAMBARÉNÉ SERAIT-IL COMMODE NOUS RECEVOIR OU DANS CAS VOUS ÊTES

EN EUROPE VISITE DE QUINZE JOURS SERAIT-IL PRÉFÉRABLE POINT DE VUE VOTRE PERSONNEL D'HÔPITAL. VEUILLEZ CÂBLER CONSEILS ET DATES CONVENABLES. SALUTATIONS.

W. L. MELLON

DR. ALBERT SCHWEITZER
LAMBARÉNÉ, GABON
AFRIQUE ÉQUATORIALE FRANÇAISE
LE 1 MAI 1951

LARIMER MELLON
301 NORTHLINE ST.
NEW ORLEANS 20, LA. USA

LT. SERAI EUROPE 15 JUIN À FIN OCTOBRE. HEUREUX VOUS VOIR GÜNSBACH.

SCHWEITZER

Docteur Albert Schweitzer
Lambaréné
Afrique Équatoriale Française
le 1 mai 1951

Monsieur Larimer Mellon
301 Northline Street
New Orleans 20, La. USA

Cher ami,

J'ai reçu votre télégramme et je vous ai répondu aussitôt que je suis en Europe à partir du 15 juin jusqu'à la fin octobre et que je me réjouis d'être avec vous à Günsbach. Je vous envoie en même temps cette lettre pour confirmer le télégramme. Je me réjouis de vous avoir à Günsbach aussi longtemps que vous pourrez me consacrer votre temps tous les deux. J'espère qu'il y aura de la place pour loger. Si par hasard je ne disposais pas de chambre vous passeriez la nuit dans un hôtel à proximité mais vous seriez la journée entière avec moi à Günsbach. Il se peut que je sois obligé d'être en Suisse (pour faire des records d'orgue) ou autre part. Alors tout simplement vous viendriez avec moi. L'essentiel est que nous soyons ensemble aussi longtemps que possible. Je ne vous écris que ces quelques lignes, car le bateau fluvial qui doit prendre le courrier pour Port Gentil part demain matin tôt. Donc à bientôt!

Avec mes bonnes pensées à vous deux.

Votre dévoué,
Albert Schweitzer

301 Northline Street
Metairie Park
New Orleans, Louisiana
le 12 mai 1951

Cher Docteur Schweitzer,

Je m'empresse à répondre à votre bonne lettre du premier mai pour vous dire combien Mme Mellon et moi sommes touchés par la charmante invitation de venir auprès de vous à Günsbach. Si Dieu nous permet de porter à bout nos projets actuels nous arriverons en Libéria vers le 26 juin pour nous engager dans une recherche médicale chez les plantations de Firestone Rubber Compagnie.

Avec la réception de votre lettre antérieure et de votre télégramme nous avons compris que vous étiez décidé à quitter l'hôpital durant l'époque qui nous sera disponibles pour le voyage et que, par conséquent, il serait bien préférable que nous attendions jusqu'à ce que vous soyez là en résidence pour nous faire voir le tout.

Ce que nous désirons faire, Dr. Schweitzer, c'est de retourner en Amérique en passant par la France. Ainsi qu'en quittant le Libéria vers le 10 août en avion nous serions en France peu de jours plus tard. Nous avons grande envie de vous exposer nos songes et de vous parler de ce que nous pensons être notre travail de l'avenir. Je crois qu'il est inutile de vous dire que je ne demanderais pas mieux que de passer chez vous en allant vers l'Afrique, mais le travail chez Firestone demande notre présence ainsi que celle du Docteur John Walker* de cette ville-ci, qui s'est décidé à nous accompagner dans le voyage. Par contre, pour le retour, nous serons libres à faire une petite excursion en France pour quelques jours et nous tenons fort à passer une belle journée avec vous à Günsbach! Je crois qu'après avoir vu un coin de l'Afrique les problèmes des missionnaires me seront un peu moins étranges.

Avant de quitter New York nous comptons rencontrer Emory Ross pour apprendre les résultats de son tour en Europe.

Veuillez agréer, cher Docteur Schweitzer, nos sentiments les plus sincères et sachez que votre esprit de chrétien nous soutient souvent dans les propos difficiles.

De coeur,
Larimer Mellon

---

* Gwen Mellon travailla avec le Docteur A. John Walker, spécialiste de paludisme, à La Nouvelle Orléans. Lorsque la visite des Mellon à Lambaréné devint impossible, Walker proposa que tous trois aillent aux Plantations Firestone au Libéria, pour contrôler les recherches dont il était chargé.

Albert Schweitzer
Günsbach, Alsace
le 11 juin 1951

Larimer Mellon
Aux bons soins de Monsieur Emory Ross,
New York, N.Y.

Cher ami,

Je vous ai envoyé ce matin un télégramme vous disant que, naturellement, si vous en avez l'occasion, vous allez à Lambaréné. On sera heureux de vous y voir et ce sera très bien que vous appreniez à connaître l'hôpital même en mon absence. Mais je garde l'espoir qu'un jour vous arriverez pour un séjour plus long quand j'y serai. Cette visite sera donc le prélude de la grande visite. Mais en tout cas je vous attends avec votre femme et ceux qui sont avec vous à Günsbach! Je me réjouis énormément à cette perspective. Si je suis en Suisse à l'époque où vous viendriez, vous pourriez certainement vous arranger à être avec moi en Suisse. Je ne vous écris que ce mot, la lettre devant partir dans un instant.

Avec mes bonnes pensées pour vous et votre femme et les enfants.

Votre dévoué,
Albert Schweitzer

LARIMER MELLON
C/O FIRESTONE PLANTATIONS
HARBEL, LIBÉRIA
LE 12 JUILLET 1951

DIRECTEUR HÔPITAL SCHWEITZER
LAMBARÉNÉ, GABON
AFRIQUE ÉQUATORIALE FRANÇAISE

LT. VOUDRAIS AMENER MADAME LAMBARÉNÉ PASSER HUIT JOURS CHEZ VOUS. POURRONS ARRIVER AVION VINGT-HUIT JUILLET. AU CAS D'INCONVÉNIENT VEUILLEZ TÉLÉGRAPHIER CHEZ FIRESTONE PLANTATIONS HARBEL LIBÉRIA.

LARIMER MELLON

MATHILDE KOTTMAN*
HÔPITAL SCHWEITZER
LAMBERÉNÉ, GABON
AFRIQUE ÉQUATORIALE FRANÇAISE
LE 15 JUILLET 1951

LARIMER MELLON
FIRESTONE PLANTATIONS
HARBEL, LIBÉRIA

LT. ATTENDRE RÉPONSE SCHWEITZER GÜNSBACH. LETTRE SUIT.

KOTTMANN

Hôpital du Docteur Schweitzer
Lambaréné (Gabon)
Afrique Équatoriale Française
le 15 juillet 1951

Mrs. et Mr. Larimer Mellon
Chez Firestone Plantations
Harbel, Libéria

Chère Madame, cher Monsieur,

Je viens de recevoir votre télégramme et j'espère que ma réponse vous est parvenue rapidement. Connaissant le grand désir du Docteur Schweitzer de vouloir être votre guide lui-même à Lambaréné, je ne vous ai répondu affirmativement et adressé votre télégramme à Günsbach. Le Docteur vous répondra.

J'ai déjà éprouvé une grande déception quand vous annonciez votre visite au Docteur Schweitzer et que vous ignoriez son départ. Et il nous fera un plaisir de vous avoir. Mais laissons la décision au Docteur Schweitzer lui-même.

J'ai connu M. et Mme Beau à leur passage de Lambaréné, et j'ai gardé un si bon souvenir. Vous ne m'êtes plus des étrangers, ils parlaient si souvent et avec un si grand respect de vous, que j'ai l'impression de vous connaître.

Je vous souhaite de tout coeur un beau séjour en Afrique et un voyage plein de joie à travers notre Europe.

Votre dévouée,
Mathilde Kottman

---

* Mathilde Kottman vint à Lambaréné en 1925. Pendant quarante-cinq ans, elle aida à gérer l'hôpital et assista Schweitzer avec sa correspondance mondiale.

ALBERT SCHWEITZER
142 ZURICH CH 17
LE 26 JUILLET 1951

LARIMER MELLON
FIRESTONE PLANTATIONS
HARBEL, LIBÉRIA

LT. HEUREUX SAVOIR VOUS ALLEZ LAMBARÉNÉ. BON VOYAGE. VENEZ AUSSI GÜNSBACH.

SCHWEITZER

LARIMER MELLON
FIRESTONE PLANTATIONS
HARBEL, LIBÉRIA
LE 27 JUILLET 1951

KOTTMANN
HÔPITAL SCHWEITZER
LAMBARÉNÉ, GABON
AFRIQUE ÉQUATORIALE FRANÇAISE

LT. CÂBLE SCHWEITZER DIT MELLON DOIT VISITER LAMBARÉNÉ ET VENIR GÜNSBACH APRÈS. RÉCENTE LETTRE CONFIRME CECI. S'AGIT SAVOIR SI AURA PLACE DEUX PERSONNES HUITAINE INDIQUÉE.

LARIMER MELLON

le 2 août, 1951

Docteur Albert Schweitzer
Günsbach, Alsace

Cher Docteur Schweitzer,

Je me précipite à vous écrire deux mots pour vous dire que nous sommes arrivés à l'hôpital enfin et pour vous faire savoir la grande joie que nous sentons d'être ici à Lambaréné.

Lorsque nous eûmes débarqué de la vedette hier nous avons aperçu une pirogue qui s'approchait de loin en amont du quai. Elle était padaliée par quatre africains et au beau milieu, assise toute droite et vêtue de blanc, se trouvait—comme vous le devinez déjà—Mlle Mathilde venue à notre rencontre. Je dois vous dire encore que ce n'était pas son premier trajet ce jour-là puisque j'ai appris que durant la matinée il est arrivé un avion à Lambaréné et la pauvre Mlle Mathilde s'est précipitée également en croyant que nous étions peut-être à bord. Vous imaginez bien notre joie en la voyant apparaître!!

J'avais déjà une idée assez exacte de l'hôpital mais deux choses m'ont frappé quand même. L'une est la grande tranquillité qui l'entoure et l'autre c'est l'impression de grandeur que l'on n'apprécie pas par moyen des photos.

Après le souper et la lecture de Mlle Mathilde nous sommes descendus tous à la plage pour voir s'allumer un grand tas de branches qu'on y avait amassé pour célébrer la fête nationale Suisse (1er août). Le Docteur Tanner était présent ainsi que beaucoup d'autres de la mission voisine et nous avons écouté des chansons et vu des danses de la Suisse exécutées par les suissesses de la compagnie. C'était une soirée charmante et pour nous inoubliable!

J'ai saisi la chance ce matin d'être présent à la salle d'opérations où le Docteur Naegele a excisé un scrotum énorme. Aussi j'ai eu l'occasion de le voir fermer une fistule vaginale. De son tour, Mme Mellon est restée toute la matinée au laboratoire avec Joseph [Bisangoi], qui l'a aidée à monter le microscope qu'elle a apporté, et à étaler tous les objets nécessaires pour colorer les porte-objects que nous avons l'intention de préparer demain. L'après-midi nous avons assisté au village des lépreux avec Mlle Trudy et Mme Naegele et vu l'administration des médicaments. Nous espérons arriver en France le 12 août et à ce temps-là je communiquerai avec vous pour fixer la date de notre visite à Günsbach.

A vous de coeur,
L. Mellon

Albert Schweitzer/Emmy Martin
Tel Munster 142
Günsbach, Alsace
le 13 août 1951

Mr. Larimer Mellon

Cher Monsieur Mellon,

C'est avec la plus grande joie que le Docteur et nous tous, nous vous attendons avec Madame Mellon ce vendredi 17 août. Voulez-vous avoir la bonté d'écrire ou de téléphoner, si nous pouvons vous attendre pour le déjeuner à midi. Devons-nous réserver de la place dans un hôtel à Colmar ou à Munster? Munster est tout près d'ici. Quelle surprise que vous avez été à Lambaréné! Veuillez excuser le Docteur qu'il n'écrit pas lui-même.

A bientôt cher Monsieur.

Votre dévouée,
Emmy Martin

Cher ami,

Comment vous dire ma joie de vous voir à Günsbach! J'ai déjà des nouvelles de votre séjour à Lambaréné, où tout le monde était enchanté de vous. Et tâchez de rester aussi longtemps que possible. On trouvera de la place à vous loger à Munster ou à Colmar. Donc au revoir.

Votre dévoué,
Albert Schweitzer

301 Northline Street
Metairie Park
New Orleans, Louisiana
le 16 mai 1952

Docteur Schweitzer
Lambaréné, A.É.F.

Cher Docteur Schweitzer,

Lorsque l'année écolière s'est presque écoulée je veux vous faire savoir combien de fois j'ai pensé à la belle chance que vous m'avez offerte de retourner à Lambaréné pour aider à la salle d'opération et ainsi d'apprendre la chirurgie d'une façon qui me serait impossible de l'apprendre ailleurs. Je garderai toujours une vive reconnaissance de votre généreux propos! A mon regret, il y a des raisons qui m'empêchent d'aller en Afrique durant les vacances cet été et la principale c'est que les enfants ont encore besoin de nous *en cet hémisphère*. Quoique le monde devienne de plus en plus petit, selon les historiens modernes du moins, il est peut-être malheureux qu'il ne soit pas encore assez ratatiné pour que l'on agisse en médecin sur un continent et en pater familiae sur un autre en même temps.

Dans l'effort de résoudre ce dilemme je me suis décidé à compromettre—solution des esprits faibles!—en amenant la famille en Haïti où je propose de travailler avec un ami chirurgien de là-bas qui est directeur de l'hôpital du gouvernement aux Cayes—petit ville située sur la côte méridionale de l'île. Ce ne sera que pour deux ou trois mois puisque je dois être de retour pour commencer ma dernière année d'école au mois de septembre. J'ignore ce que je trouverai là au point de vue chirurgie et maladie mais on m'assure qu'il y aura à faire. Pour faciliter les transports de nous six, nos vêtements et du petit laboratoire que nous avons monté, j'ai acquis un camion Dodge à quatre roues motrices avec lequel je compte pouvoir naviguer les routes étroites et boueuses de ce pays. La photo ci-jointe vous fera une idée de notre apparence mécanisée. Madame Mellon sera la technicienne-en-chef du laboratoire, le garçon aîné agira de courrier et s'occupera des permis nécessaires, communications, liaisons, etc. Le deuxième fils sera chargé de la conduite du camion et de son maintien. La fille (seize ans) s'occupera du ravitaillement et de la cuisine, tandis que le petit (qui veut être dentiste un jour) aidera sa soeur avec la vaisselle et sa mère avec les glissades, etc. . . . Je n'ai pas à vous dire qu'on peut compter sur les Américains pour organiser toutes choses!

　　Emory Ross m'a écrit il y a peu combien vous êtes occupé des visites récentes. Je m'imagine facilement qu'il doit y avoir des fois quand on se sent très ennuyé par le monde extérieur, quand même j'ose croire qu'il arrive des fois quand on sent la satisfaction en se rendant compte que des âmes lointaines, comme les nôtres, ont été touchées et inspirées par votre oeuvre.

　　Recevez, cher Docteur Schweitzer, l'expression de ma reconnaissance et de nos voeux les plus sincères pour la continuation de votre santé et de vos forces.

Votre dévoué,
Larimer Mellon

Dr. Albert Schweitzer
Lambaréné
Afrique Équatoriale Française
le 30 juin 1952

M. Larimer Mellon
301 Northline Street
Metairie Park
New Orleans, Louisiana USA

Cher ami,

　　Merci de votre si bonne lettre. Vous êtes bien aimable de me donner de vos nouvelles. Donc, ne pouvant venir à Lambaréné vous allez à Haïti faire de la chirurgie. Je trouve cela très raisonnable. L'essentiel est que vous soyez quelque part où vous ayez l'occasion de faire de la chirurgie sous la conduite d'un bon chirurgien. Car la chirurgie est un métier qu'il faut apprendre en commençant d'apprentir. Si vous étiez venu ici on aurait bien pu vous loger. Car j'ai ajouté à la case «Sans Souci», en la prolongeant, un bâtiment de sept jolies chambres! C'est presque terminé. Quelques chambres sont déjà habitables . . .

　　Le Docteur Naegele, Mlle Koch, Mlle Zinser (Irmgard), Mlle Jacqueline, Mlle Vreni Ileg (de la cuisine) sont rentrées de congé—Mlle Trudi Bochsler partira prochainement. Les remplaçantes sont arrivées. Le chirurgien de Strasbourg (42 ans) qui devait venir ces jours-ci a dû remettre son départ de quelques semaines. Deux Suissesses sont arrivées remplacer Mlles Jacqueline et Vreni. Une nouvelle Hollandaise est depuis quelques mois à côté de Mlle Aligtmar, 2 nouvelles infirmières doivent arriver . . . Alors il y aura de nouveau de la stabilité pour quelque temps. Moi-même j'irai fin de l'été pour un court séjour en Europe, pour me mettre entre les mains du dentiste et encore des records pour Columbia. Le Docteur Percy reste ici encore plusieurs mois. À l'instant il vient dans ma chambre me faire le rapport du soir. Il vous fait bien saluer les deux et a autour du cou le stéthoscope que vous lui avez donné. Il s'accuse de vous devoir une lettre depuis longtemps. Mais en correspondance je crois qu'il ne fait pas de zèle. Le jeune médecin Américain, le Dr. Wyckoff marche bien. Il s'occupe surtout des lépreux, et opère aussi sous la direction du Docteur Percy. Vous voici au courant des choses de l'hôpital. D'ailleurs, il y a maintenant 400 lépreux.

Avec mes bonnes pensées pour vous, votre chère femme et les enfants. Veuillez aussi présenter mes respects au confrère sous lequel vous faites vos premières années en chirurgie.

De coeur, votre dévoué,
Albert Schweitzer

301 Northline Street
Metairie Park
New Orleans, Louisiana
le 30 novembre 1952

Docteur Albert Schweitzer
Lambaréné, Gabon

Cher Docteur Schweitzer,

Après un long silence je me «précipite» à vous adresser ces lignes afin qu'elles arrivent à temps pour vous souhaiter Joyeux Noël et un Nouvel An plein de la satisfaction que le bon travail doit vous apporter.

Peut-être le Docteur Naegele vous a mentionné que j'ai amené ma femme et nos enfants en Haïti pour les trois mois de nos vacances communes. Durant ce temps nous avons voyagé tout le long de ces horribles routes dans le camion qui nous a servi de restaurant, de toit lorsqu'il pleuvait, et de laboratoire ambulant. Du point de vue géographique j'ose dire que nous connaissons Haïti beaucoup mieux que 99% des Haïtiens car nous l'avons traversé de bas en haut systématiquement.

En arrivant là j'ai cherché à trouver s'il n'y avait pas quelque mission ou tâche spéciale pour nous parmi des malheureux; mais il faut l'avouer, mes pensées contournaient toujours la «médecine tropicale» et les problèmes du paludisme, vers intestinaux, ulcères tropicaux, etc. . . . Ce n'était pas avant la dernière semaine de notre séjour que j'ai cru apercevoir que ces problèmes là sont en train de se résoudre grâce aux organisations mondiales de santé publique telles que les Nations Unies, la Croix Rouge Internationale, plusieurs groupes des États-Unis et encore d'autres, tandis que ce qui reçoit bien moins d'attention à présent, c'est la chirurgie générale et son enseignement dans la Faculté de Médecine de là-bas. Pourtant, deux jours avant mon départ, je me suis arrangé pour une conversation avec le Président Magloire au cours de laquelle je lui ai proposé verbalement ce que je vous joins en écrit sous le titre de «mémorandum». Je tiens à vous dire aussi qu'il s'est montré enthousiaste pour l'idée en principe et il m'a assuré que son gouvernement se gardera prêt à nous rendre n'importe quel service qu'on lui demanderait—ça nous verrons! Pour vous éviter la peine de lire une longue répétition, je vous adresse au document en question. En ce moment j'attends la réponse officielle haïtienne car l'original de cette aide-mémoire n'est parti d'ici que la semaine dernière.

Ma femme et moi avons décidé que le nom de cet hôpital sera «Hôpital Albert Schweitzer» à moins que vous n'y voyez d'inconvénient. Cette décision vient du fait que l'idée de nous dévouer aux malades de la race noire n'est pas la nôtre mais une qui, en ce qui nous concerne, doit son origine à votre oeuvre dans le Gabon. D'ailleurs, il nous semble bon si toutefois vous permettez, que notre but reste lié en quelque sorte avec l'établissement-confrère situé dans un coin d'un autre continent, qui a éclairé le chemin et servi à dissiper les doutes et les problèmes qui paraissaient insurmontables avant de pouvoir les étudier de près à Lambaréné.

Parmi les voeux dont nous vous faisons part ce Noël se trouve celui-ci: que le «grand docteur» et sa compagnie se rendent compte que leur exemple provoque un vif appel en Amérique à l'énorme tâche humanitaire plantée carrément devant nous.

De coeur,
Larimer Mellon

Mémorandum

Création d'un Hôpital dans la Vallée de l'Artibonite

Le présent mémorandum a pour but de préciser les grandes lignes d'un projet concernant la création d'un Hôpital dans la Vallée de l'Artibonite, lequel Hôpital est essentiellement destiné à la population de cette région.

Le soussigné, William Larimer Mellon junior, a déjà eu l'honneur d'entretenir Monsieur le Président de Haïti du projet en question.

Services Assurés

L'Hôpital, quoique de capacité moyenne, constituerait un centre médical complet:

D'une part, il comporterait des services de consultation pour les externes; d'autre part, des salles de médecine, de pédiatrie et de chirurgie (surtout chirurgie générale) pour les hospitalisés. Sauf dans des cas exceptionnels où des malades aisés pourraient remboursez certains frais, tous les services seraient gratuits; c'est à dire que les malades de la région citée auparavent pour être suivis, soignés ou traités, n'auraient absolument rien à payer ni au personnel médical, ni à l'Établissement.

Par ailleurs, les médecins en chef des principaux services assureraient un certain enseignement à des étudiants internes ou externes de l'Hôpital, suivant accord avec la Faculté de Médecine et le Département de la Santé Publique.

Administration

M. Mellon désirerait garder l'administration sous sa responsabilité et par conséquent sous son autorité, pendant la période de démarrage, pour pouvoir offrir à la République de Haïti un établissement fonctionnant parfaitement, et ceci, après un certain temps, les résultats obtenus étant satisfaisants. Il voudrait en particulier, pouvoir recruter librement le personnel médical et technique étranger qu'il jugerait nécessaire. Il serait indispensable que les personnes ainsi choisies obtiennent sans difficulté les visas d'entrée, permis de séjour et de travail et cetera requis pour leur domicile et l'exercice de leurs fonctions à Haïti et qu'elles soient exonérées de la taxe d'impôt sur le revenu.

Il reste entendu:

a. que ce recrutement ne posera aucun problème d'exercice de la médecine par des étrangers. En effet, tout le personnel devant être payé par l'Établissement, les médecins, chirurgiens, techniciens et infirmières ne recevront pas d'honoraires et forcément n'auront jamais de clientèle privée.

b. que l'Établissement s'efforcera naturellement de travailler en accord avec les autorités locales.

M. Mellon compte transférer éventuellement aux autorités compétentes tous pouvoirs d'administration en même temps que tous droits de propriété sur l'Hôpital.

De plus, il va sans dire que même pendant son administration M. Mellon se fera un devoir de respecter les lois et règlements en vigueur et travaillera toujours en plein accord avec les autorités compétentes.

Financement

M. Mellon se propose d'assurer le financement complet du projet, c'est à dire tous les frais de premier établissement aussi bien que les frais de fonctionnement.

Il est persuadé que si ce projet rencontre l'adhésion du Gouvernement

Haïtien, celui-ci voudra bien manifester sa haute sollicitude en garantissant les mesures suivantes que M. Mellon se permet de soumettre à son examen:

1. mettre à la disposition de l'Hôpital, dans la région qui convient, le terrain nécessaire à l'édification des bâtiments et dépendances de l'Hôpital, et en même temps garantir l'approvisionnement suffisant en eau potable.

2. assurer, dès que ce sera possible, la fourniture gratuite de toute l'énergie électrique dont ce centre médical aura besoin.

3. garantir à M. Mellon toutes facilités pour l'opération de l'institution telles que les voies de communication, routes, drainage et cetera.

4. lui garantir, en vu le caractère philanthropique de cette oeuvre d'utilité publique, une immunité fiscale et douanière absolue quant aux impôts, taxes ou droits de quelque nature que ce soit, tant de l'État que des collectivités locales.

Il faudrait que le matériel nécessaire à la construction de l'Hôpital (matériaux de construction, appareils sanitaires, appareils médicaux et cetera) entrent en franchise, sans payer aucun droit, de même que les produits pharmaceutiques et l'équipement indispensables au fonctionnement de l'Établissement.

Il est à noter que ces exemptions ou immunités sont sollicitées de façon à ce que les sommes versées soient uniquement affectées à l'oeuvre hospitalière entreprise.

Toutes pièces justificatives seront fournies à l'Administration compétente pour prouver que les opérations fiscales exonérées concerneront intégralement et uniquement l'Hôpital.

Structure Juridique et Accords Ultérieurs

M. Mellon agirait soit en son nom personnel, soit par l'intermédiaire d'une fondation ou d'une autre personne morale, spécialement créé pour la réalisation du projet en cause. Il précise que le présent mémorandum ne peut donner qu'une idée générale du projet envisagé, les détails devant être fixés et mis au point ultérieurement (statuts de la fondation éventuelle, nature du cahier des charges, accords divers et cetera).

M. Mellon se tient de près et déjà à la disposition du Gouvernement de la République de Haïti pour l'examen et la mise au point des textes

Très respectueusement,
W. L. Mellon, Jr.

la Nouvelle Orléans
le 22 novembre 1952

Dr. Albert Schweitzer
Lambaréné
le 23 avril 1953

M. le Dr. Larimer Mellon
301 Northline Street
Metairie Park
New Orleans, Louisiana

Cher ami,

Merci de votre si bonne lettre du 30 nov. 1952 dans laquelle je trouve la bonne nouvelle que vous avez découvert où vous voulez créer votre oeuvre. Je suis très heureux pour vous car je sais par expérience ce que cela veut dire chercher où se placer et comment se placer. Je crois que Haïti est un terrain qui, par ses relations avec l'USA, vous donne plus de garanties de pouvoir travailler avec les garanties de libertés que ne le feraient les états de l'Amérique Centrale ou du Sud. Laissez-moi vous dire combien je suis touché que votre hôpital porte mon nom. J'en suis vraiment ému, plus que je ne puis vous dire, de cette marque de sympathie. Je fais les meilleurs voeux pour votre oeuvre. Les commencements seront difficiles. Mais vous êtes courageux . . .

J'ai lu avec attention votre mémorandum. Je n'aurais pas tellement souligné la gratuité du traitement. J'aurais dit que l'hôpital soigne gratuite-ment les indigents, mais que ceux qui le peuvent dédommageront pour une partie l'hôpital pour les médicaments reçus! Vous ne parlez pas de la question nourriture. Là aussi je dirais que les indigents et ceux qui sont éloignés de leur village seraient nourris par vous, mais que les autres se nourriraient eux-mêmes ou porteraient les frais de la nourriture qu'on leur donne. Attention à ne pas vous lier à être exploité—car les populations colonisées ou semi-colonisées possèdent le don d'exploiter les bienfaiteurs. Ou bien ne touchez pas du tout la question de la nourriture et faites après ce que vous voulez.

Je vous mets aussi en garde pour votre promesse de donner de l'enseignement à des étudiants internes ou externes. Pour faire fonctionner votre hôpital vous aurez à travailler au-dessus de vos forces. L'essentiel pour vous est de soigner les malades et de faire fonctionner l'hôpital. N'ayez avec vous que le personnel engagé et payé par vous, qui vous doit de l'obéissance. Ne vous pressez pas d'avoir des étudiants chez vous, qui seront indépendants que vous aurez à nourrir et qui apporteront peut-être un aspect à votre hôpital qui ne sera pas bien. Restez le maître *absolu* chez vous, comme je le fais moi-même, autrement vous risquez des complica-tions qui peuvent vous créer de grands ennuis. Vous en aurez déjà assez quand un jour vous devez avoir des indigènes, médecins et infirmiers, qui ont fait leurs études à Haïti.

Je suis très inquiet que vous laissez entrevoir que vous donnerez votre
établissement après quelques temps à la République d'Haïti. A votre place
je ne dirais rien de cela. Je veux bien admettre qu'ils n'iront pas jusqu'à
vous empoisonner si vous ne leur cédez pas l'hôpital quand ils voudraient
l'avoir, mais ils seront tentés d'exercer des pressions sur vous pour entrer
en possession de l'héritage promis s'ils devaient trop longtemps l'attendre.
Et que sera votre oeuvre quand les Haïtiens la géreront en possesseurs,
vous ne le savez pas.

Je vous dis mes réflexions. Excusez-moi de le faire, c'est uniquement
l'intérêt pour votre si belle entreprise qui m'y pousse. Et n'oubliez pas de
commencer petitement. Car peut-être vous pourriez constater que le terrain a des inconvénients qui vous obligeraient de le transporter autre part.

Donc prudence et courage. Et donnez-moi de temps en temps un
petit mot sur la marche des choses.

Moi je suis de nouveau plongé en plein dans le travail de Lambaréné.
De plus en plus je remarque quel aide remarquable j'ai en la personne du
Docteur Percy. J'apprends que le Dr. Naegele, qui est en congé en Europe,
est citoyen français et est autorisé à refaire ses examens en français. Je suis
bien heureux pour lui. Toujours je regrette ne pas avoir été à Lambaréné
quand vous y êtes venu.

Avec mes bonnes pensées pour vous et votre chère femme.

Votre dévoué,
Albert Schweitzer

Mlles Emma et Mathilde, les Drs. Percy et Wyckoff, Mme Martin et tous
ceux que vous connaissez ici vous font bien saluer.

301 Northline Street
New Orleans 20, Louisiana
le 14 juin 1953

Docteur Albert Schweitzer
Lambaréné, A.É.F.

Cher Docteur Schweitzer,

Je profite de la bonté d'Erica Anderson* pour vous envoyer ce petit
mot. Les affaires ici et en Haïti paraissent aller bon train. J'ai bien reçu
votre dernière lettre contenant les utiles conseils concernant la direction

---

* Erica Anderson, réfugiée autrichienne et photographe renommée, passa beaucoup
d'années à aider le Docteur Schweitzer à Lambaréné ainsi qu'à voyager avec lui en Europe.
Jerome Hill et elle firent ensemble le film *Albert Schweitzer,* qui gagna le premier prix ciné-
matographique [Academy Award] en tant que documentaire. Plus tard, elle fonda le Centre
Albert Schweitzer à Great Barrington, Massachusetts.

de l'hôpital qui portera bientôt votre nom. Sachez, cher ami, combien je suis reconnaissant pour la peine que vous avez prise à digérer et à critiquer le document exposant les grandes lignes du projet.

Il est sans doute vrai que j'aurais mieux fait de ne pas mentionner le fait que je compte remettre un jour l'établissement au gouvernement ou à un groupe privé haïtien. Ma raison, comme vous l'avez sûrement devinée, était d'inspirer dans les haïtiens un certain orgueil dans le travail tant qu'une certaine responsabilité pour le succès actuel et futur. Je ne défends pas la position que j'ai prise contre l'inconvénient que vous y voyez—je vous expose simplement les raisons pour lesquelles j'ai vu bon d'agir ainsi.

Je crois apprécier votre idée de commencer petitement et là j'ai en tête ce dessein, soit de bâtir un établissement pour coucher un maximum de cinquante malades mais qui aura un châssis assez grand pour soutenir éventuellement une capacité d'au moins cent lits, c'est-à-dire, après que j'aurais ajouté des dortoirs pour une autre cinquantaine.

Je suis tout à fait d'accord en la question de l'exigence de paiement pour la nourriture chez ceux qui sont capables de contribuer quelque peu. Nous nous réservons le droit aussi de demander des remboursements pour les frais de la salle d'opération (anesthésie, médicaments, et cetera). L'unique restriction que je me suis imposé et que j'ai signalé dans le mémorandum c'est de ne pas recevoir d'honoraires personnellement. L'hôpital peut demander le remboursement et chercher à récupérer tout les frais qu'il juge juste, mais par contre les employés de l'hôpital (médecins et autres) lâchent leur droit de soumettre des comptes. Pour ce qui concerne les étudiants, internes, et cetera je serai content de laisser traîner cet aspect du programme jusqu'à ce que l'heure soit arrivée où je jugerai commode de les recevoir, c'est-à-dire, jusqu'au moment où il semble qu'il y a assez de personnel pour s'occuper d'eux (vous riez à ce point, car vous ne croyez pas que ce jour-là arrivera!) Tant pis, je suis optimiste congénital.

Combien de fois j'ai pensé à vous aujourd'hui! Emory Ross a baptisé ma femme, mes deux petits, et moi-même et par là nous nous sommes joints à la congrégation de son église—Disciples of Christ. Après cela le Docteur et Madame Ross nous ont fêté à l'heure du thé dans leur appartement où vous et Madame Schweitzer avez reçu vos amis de New York.

Ma femme et moi vous envoyons, cher collègue, (enfin je peux le dire!*) notre chaleureuse salutation.

De coeur,
Larimer Mellon

* Larimer Mellon reçut le titre de Docteur en médecine le 2 juin 1953.

LARIMER MELLON
NEW ORLEANS, LA.*
LE 31 OCTOBRE 1953

ALBERT SCHWEITZER
LAMBARÉNÉ, GABON
AFRIQUE ÉQUATORIALE FRANÇAISE
CROIX NOBEL NÔTRE AUSSI

MELLON

301 Northline Street
New Orleans 20, Louisiana
le 20 janvier 1954

Docteur Albert Schweitzer
Lambaréné, A.É.F.

Mon cher Docteur Schweitzer,

Cette lettre est envoyée d'une maison bien contente. Cela existe toujours, mais spécialement en ce moment parce que nous avons avec nous maintenant Mlle Emma Haussknecht. C'est une joie véritable de l'avoir chez nous. Les photos et toutes les nouvelles de Lambaréné nous donnent une nostalgie de vous revoir et tous les autres amis de l'hôpital. Les fois que vous êtes tous dans nos pensées sont innombrables. M. Jacques Beau est ici aussi et nous attendons l'arrivée d'Erica Anderson vendredi.

Bien à vous,
Gwen Grant Mellon

Cher Docteur Schweitzer,

Notre joie d'avoir avec nous Mlle Emma est immense mais malheureusement jusqu'à présent je n'ai eu guère la chance de la saluer à cause des longues heures que mon internat exige. Cette semaine par exemple, je travaille à la maternité la nuit—de six heures du soir à huit heures du matin presque sans m'asseoir car les accouchements sont si nombreux. Hier j'ai accouché et délivré 8 enfants noirs durant les 14 heures de travail. Ce qui demande le plus de temps sont les «records» et dossiers à remplir, les certificats de naissance, et cetera qui comme vous savez bien sont moins intéressants que la partie médicale! Demain je commence mon service de jour qui sera de huit heures du matin à six du soir. Ce service me permet 4 heures de plus à la maison mais en changeant du service de nuit à celui de jour on me demande un coup continuel de *24 heures* car il est impossible

---

* En route à Haïti.

de trouver un autre interne pour me soulager. Ceci vous fera une idée de la faute des jeunes médecins ici à la Louisiane.

Les plans et croquis de notre hôpital en Haïti sont complets et nous comptons commencer la construction au mois de mai 1954. De ceci je dois vous écrire plus longuement bientôt.

Votre dévoué,
Larimer Mellon

The Savoy Plaza
Fifth Avenue 58th and 59th Streets
New York 22, N.Y.
le 12 février 1954

Docteur Albert Schweitzer
Lambaréné, Gabon
Afrique Équatoriale Française

Cher Docteur Schweitzer,

Je ne saurais vous dire combien de fois tous les jours je pense à vous. Beaucoup s'est passé depuis que je vous ai vu à Günsbach et même depuis que je vous ai écrit la dernière fois. La vie pour moi commence à sentir la responsabilité et aussi un peu la tension du médecin et du presque-missionnaire. Sans doute la fatigue surviendra à son heure! Je l'attends sans regret. Le coeur est si plein de joie et de gratitude pour l'exemple que vous vivez et travaillez et que peut-être d'une manière ou autre il me sera permis de porter une petite partie du fardeau. Je cherche sincèrement à faire du bien à mon prochain du teint foncé qui habite la vallée de la rivière Artibonite en Haïti. Les circonstances comme vous le savez, ne sont jamais pareilles mais je veux que vous sachiez que je garde devant moi l'idéal d'une âme pure telle que je la conçois. Quand j'arrive à me fâcher—chose qui m'est arrivée trop souvent—j'en ai honte longtemps après.

Un jour en décembre quand je travaillais à la salle des accidents il est venu un gros noir coupé superficiellement dans la jambe par un coup de stylet. Lorsque je lui nettoyais la plaie j'ai noté une légère ivresse et au moment où j'ai commencé de le piquer avec l'aiguille contenant la procaïne il s'est montré plein d'horreur et me l'a dit autant. Après un certain temps, pas très long mesuré en minutes, il m'a semblé que je n'en pouvais plus. Je l'ai secoué fort par les épaules en lui ordonnant de sortir de l'hôpital—non pas sans quelques mots que l'on n'entend pas chez les cultivés et les ecclésiastiques! Ma honte était si grande que ce soir-là, en quittant l'hôpital, j'ai cherché la femme du patient pour lui demander pardon et lui prier de m'envoyer son mari le lendemain matin—ce qu'elle a fait et je l'ai cousu sans difficulté. Chaque fois que je sens la colère s'élever en dedans je pense à ce pauvre malheureux et au tort que je lui ai porté. Je ne raconte pas ceci «en confession», Docteur Schweitzer, mais comme indication qu'en désirant cultiver les semailles de votre oeuvre, j'entame la lutte avec l'aiguisement conscient de ma conscience. Si jamais on arrive à avoir une «conscience inconsciente» ce doit être après beaucoup d'années de pratique!

Combien nous avons joui de la présence de Mlle Emma. Elle nous a semblé un bouquet de fleurs à la maison. La faiblesse de ses genoux et de son mollet gauche l'a beaucoup ennuyée—surtout parce qu'elle lui a fait perdre une partie de sa tournée dans l'ouest. Mais ma famille s'est réjouie carrément du contretemps qui a prolongé sa visite de six jours.

En ce moment il paraît que la construction du nouvel hôpital commencera d'ici deux mois, soit en mai, et que tout sera prêt pour recevoir les premiers patients en février 1955. Mes amis me disent que je suis trop optimiste—tant pis, on est né comme ça!

J'espère que les croquis et les photos du modèle que Mlle Emma vous apporte vous feront une idée de l'hôpital qui portera votre nom.

Ma femme et moi vous envoyons nos sincères souhaits pour tout ce qu'il y a de bonne santé, de bonheur, et de forces! Nous sommes fiers de nous compter vos enfants américains.

Larimer Mellon

The Grant Foundation*
Thirty-ninth Floor
525 William Penn Place
Pittsburgh 19, Pennsylvania
le 15 juin 1954

Docteur Albert Schweitzer
Günsbach, Haut Rhin
France

Cher Docteur Schweitzer,

Cet après-midi j'ai relu une des premières lettres que vous m'avez écrites datée le 3 mars 1948—faite la veille du départ de Jacques et d'Anne Beau pour Port Gentil. Je l'avais relue plusieurs fois déjà mais aujourd'hui je comprends plus que jamais les grands sacrifices que vous faites pour les autres—même les inconnus qui arrivent avec leurs histoires, tout comme s'ils fussent invités, pour vous interroger et gâter des heures précieuses. Il

---

* Écrit probablement de la Nouvelle Orléans, en se servant du nouveau papier à lettres, ce qui signale l'établissement de la Fondation Grant à Pittsburgh (l'organisation parente de l'Hôpital Albert Schweitzer).

y a aussi—race même pire—ceux qui écrivent pour demander des conseils auxquels les réponses doivent souvent être longues et détaillées. Ce dernier genre me ressemble beaucoup. Je vous avais demandé s'il valait toujours la peine de se faire missionnaire aux indigents des pays tropicaux et si oui, comment s'y prendre. Votre réponse me paraît d'autant plus remarquable et complète aujourd'hui puisque je reconnais mieux l'importance de la question.

Mon internat finit en quinze jours et me voilà «préparé» (D.V.*) à servir en état de médecin à n'importe qui aurait besoin de moi. Avec le cours des années je suis persuadé qu'il n'existe pas de travail plus beau que celui de s'offrir à ceux qui ont si grand besoin de soulagement physique et psychique—j'allais mettre «spirituel» mais je ne voulais pas faire croire que je suis théologien, au moins pas encore! Ce que je suis devenu depuis 1948 grâce à votre encouragement est certainement préférable à ce que j'étais auparavant. Cependant j'ose dire qu'il reste un bon bout de chemin à faire avant d'arriver à être l'homme que je tiens à être. Vos conseils et l'exemple de votre vie me servent de guide. Pardonnez-moi de vous confier ces choses mais combien de beaux sentiments doivent se perdre à jamais parce qu'on a manqué le courage de les proférer!

Une réunion a eu lieu la semaine dernière des membres de notre projet. L'architecte, M. King, est venu de San Francisco accompagné de deux messieurs de son bureau (un ingénieur et un comptable). En même temps M. Brun, l'entrepreneur de Port-au-Prince, est arrivé avec M. Laws, l'ingénieur représentant en Haïti de l'architecte. On s'est mis d'accord pour commencer la construction de l'hôpital et on a repassé les prix soumis par les fabricants pour matériel et équipement. Le contrat est de forme qui exige que l'entrepreneur sera payé le coût plus 8% pour son profit, mais avec un coût maximum fixe. Je ne vous cache pas que l'hôpital coûtera cher. Le maximum est fixé à \$848.000 plus \$67.800 de commission. Ce chiffre représente le bâtiment, 3 kilomètres de tuyauterie (7.5 centimètres, soit 3 pouces de diamètre), le réservoir de 50,000 gallons, 3 diesels pour générer l'électricité et l'équipement lourd installé et prêt à fonctionner. Ce qui n'est pas compris là-dedans sont les meubles, les instruments de chirurgie et de laboratoire, le stock de pharmacie, pansements, médicaments, ustensiles de cuisine et de blanchisserie, la vaisselle, etc. C'est la bonne chance pour moi que mes progéniteurs ont gagné quelqu'argent ou j'irais certainement en prison! L'ennuyeux c'est qu'on m'assure qu'il va prendre au moins 18 mois pour le construire. Je n'oserais pas me présenter en Haïti avant d'avoir un endroit convenable à un *bon travail,* car de cette autre marque de médecine ils l'en ont déjà!

* Deo volente, si Dieu le veut.

Concernant le personnel (que j'appelle le «skeleton staff») j'ai tout juste ce que je considère nécessaire pour fonctionner sauf un chirurgien-en-chef et un mécanicien pour soigner les mille et un moteurs, pompes, frigidaires, et conditionneurs d'air pour l'aile chirurgicale. En ces rapports je suis un peu jaloux de votre établissement car j'ai eu plus d'un cauchemar à y rêver. Dans cette question deux choses se combinent contre moi, me paraît-il—la concurrence des établissements actuels en Haïti crée une certaine pression, et puis le fait que je cherche à faire venir de temps en temps des spécialistes de réclame qui ne consentiraient pas d'opérer qu'avec l'outillage auquel ils sont accoutumés.

Pour infirmière-en-chef j'ai eu le bon sort d'intéresser une femme admirablement qualifiée. Il y a 29 ans qu'elle travaille au Massachussetts General Hospital à Boston. Elle est Head Nurse là depuis tout ce temps —des salles médicales 1928–1930, des salles chirurgicales 1932–1936. Dès 1936 son titre est «Executive Assistant to the Director». Je vous joins sa photo faite en uniforme de la Croix Rouge Américaine qu'elle a servi en Angleterre d'avril 1941 à septembre 1942. A part ce trésor j'ai trouvé deux jeunes médecins qui font partie de l'Air Force Navale actuellement mais qui veulent se dégager pour aller en Haïti avec moi. L'un est otolaryngologiste (d'origine suédoise) et l'autre est doctoresse qui a servi en état de chirurgien à bord du battleship *Constitution* durant toute la 2ème guerre mondiale dans le Pacifique. Ces deux jeunes médecins sont fiancés et comptent se marier ce mois-ci. Ma grande crainte est que les autorités navales ne les relâchent pas vu la gravité des affaires en Indochine. Pour cela je me tiens le pouce.

Vous savez, je crois, qu'il y a quatre infirmières de nationalité Haïtienne dans ce pays qui sont installées dans des hôpitaux à New York, Philadelphia, et Boston pour un stage d'entraînement en anglais et en diverses branches—telles que santé publique, salle de chirurgie, et anesthésie.

Cette lettre est déjà longue. Pardonnez-moi-en, je ne veux pas augmenter votre fatigue. En même temps je tiens à vous garder au courant de ce qui se passe chez le projet que vous avez inspiré et qui portera votre nom. Je n'annoncerai pas le nom de l'hôpital avant la dédication qui aura lieu probablement cet automne. Y aurait-il la possibilité que vous vous trouveriez de ce côté de l'Atlantique et que vous pourriez assister à cette occasion? Il serait loin de la vérité de donner l'impression que cette oeuvre n'est que la mienne!

Gwen et moi vous envoyons nos bons souhaits et nos prières pour la bonne santé et des forces pour pouvoir continuer à éclairer le chemin qui mène vers la fraternité des hommes et la paix parmi les nations.

Votre dévoué,
Larimer Mellon

Docteur Albert Schweitzer
Günsbach, Alsace
le 14 juillet 1954

Mr. et Mrs. Mellon
301 Northline St.
New Orleans, La.

Chers amis,

Je vous suis bien reconnaissant de posséder le plan de votre hôpital. Je vous ai déjà écrit que je le trouve très bien, autant que je puis le juger. Vous avez été si aimables pour Mlle Emma. Je ne puis pas assez vous remercier de tout ce que vous avez fait pour elle. Elle a été très heureuse d'être avec vous. J'ai eu par elle bien de nouvelles de vous. Mlle Mathilde me dit que vous aurez avec vous à Haïti M. et Mme Beau! Veuillez bien les saluer de ma part. Je leur garde un si bon souvenir. Vous devez être en ce moment en train d'organiser le tout. Surtout n'oubliez pas de vous munir de fermeté pour assurer votre indépendance. Avec la plus grande amabilité unissez la vérité à la fermeté. Je serai heureux d'apprendre par vous comment vous commencerez votre activité. Que vous ayez donné mon nom à un établissement m'a profondément touché comme je crois déjà vous l'avoir écrit. Et faites bien attention à votre santé et celle de votre femme. Quant à moi j'essaie de me reposer, car la construction du village des lépreux m'a bien fatigué. C'est tragique qu'à 79 ans, j'ai été obligé d'entreprendre ce travail. J'essaie de me reposer en travaillant, car j'ai des manuscrits que je voudrais (et devrais) terminer avant de retourner à Lambaréné. Je me demande si j'y arriverai. Bien des fois je pense à vous et me réjouis que vous ayez terminé vos études. Cela a dû vous coûter un grand effort.

Je reste à Günsbach jusque vers le 15 septembre. Ensuite je vais en Norvège, en Suède, au Danemark, en Hollande et, si possible, en Angleterre. Avant la fin de l'année je veux être de retour à Lambaréné.

Avec mes bonnes pensées pour vous et pour votre femme, ainsi que pour les enfants. Et bonne chance pour le début de votre entreprise.

De coeur votre dévoué,
Albert Schweitzer

Kings House Jamaica
le 15 décembre 1954

Docteur Albert Schweitzer
Lambaréné, Gabon
Afrique Équatoriale Française

Cher Docteur Schweitzer,

Ma femme et moi sommes ici en Jamaïque avec le Docteur Emory Ross en route pour les États Unis. Nos hôtes sont le Gouverneur Sir Hugh Foot et sa charmante femme qui sont amis du Docteur Ross depuis quelque temps. Nous restons ici deux jours durant lesquels on nous a promis un tour des hôpitaux de cette colonie.

Dr. Ross m'a montré votre aimable télégramme de bons voeux avec les assurances que vous pensiez à moi samedi dernier à la pose de la première pierre de l'Hôpital Albert Schweitzer. De mon côté j'ai pensé souvent à vous, Docteur Schweitzer, ce jour-là et les trois jours depuis la dédication. Je crois comprendre parfaitement les raisons pour lesquelles vous n'avez pas pu venir participer à la cérémonie. Il n'est pas nécessaire de me dire combien vos heures doivent être longues et pleines de travail! Depuis la dédication je me fais une petite idée de la fatigue que vous devez sentir et le poids de la responsabilité que vous sentez envers ceux qui désirent s'entretenir avec vous. Par le fait d'avoir adopté quelques-uns de vos principes, et j'espère un brin de votre philosophie, il paraît que le projet de notre hôpital à Haïti a attiré beaucoup d'intérêt et dans ce pays-là et dans la presse américaine. L'article que vous trouverez ci-joint vient d'apparaître dans le *Time* magazine. Lorsque la première étape est finie je retourne à la Nouvelle Orléans pour faire une courte résidence en médecine interne avant de déménager définitivement pour Haïti, probablement au mois de juin. Jacques Beau vient en état d'administrateur.

Je vous dois beaucoup Docteur Schweitzer. Je garde devant moi l'exemple d'une vie sincère et utile. J'essaie de mon mieux d'agir selon les principes dictés par le raisonnement et la préoccupation pour mon prochain.

Sous un autre pli je vous enverrai de la part de son auteur un livre au sujet des *«Maladies en Haïti»* par Dr. Ruly Léon de Deschapelles (endroit où le nouvel hôpital est situé). Je veux que vous receviez aussi des copies des discours prononcés samedi par Emory Ross et moi-même.

A vous de coeur,
Larimer Mellon

Discours prononcé par Larimer Mellon à la dédication de l'Hôpital Albert Schweitzer à Deschapelles, Haïti, le 11 décembre 1954

Votre Excellence, Monseigneur, Mesdames et Messieurs,

Nous sommes réunis sur ces lieux non seulement pour la dédication d'un hôpital mais aussi pour rendre hommage à la personne qui a inspiré cette oeuvre, un des grands esprits de nos jours. Je fais allusion au Docteur Schweitzer. C'est à cause de sa bonté Chrétienne, son travail acharné, et son intelligence que nous voyons nettement les raisons pour lesquelles chacun de nous est moralement obligé d'agir dans le service humanitaire, de porter secours à toute vie qui souffre, de prolonger toute vie dans la mesure de notre possible et de protéger la vie de notre prochain.

Je suis certain que le Docteur Schweitzer, à l'âge de 80 ans, serait parmi nous cette après-midi si ce ne fut qu'il considère plus important de continuer la construction, aussi rapidement que possible, d'un village pour les lépreux, commencé il y a déjà quelques mois.

C'est avec une profonde gratitude que Madame Mellon et moi évoquons la pensée de tous les amis qui ont contribué à ce projet hospitalier dans la manière qu'ils ont vu bon de le faire. Ces feuilles que je tiens à la main attestent du grand nombre d'amis et des manières diverses par lesquelles ils ont vu bon de nous prêter leur appui. En reconnaissance de leur générosité et leur vif désir pour la réussite de l'hôpital, leurs noms seront déposés dans une boîte de bronze qui sera scellée dans la première pierre du bâtiment. (Ici je remercie des amis qui ont contribué au projet, les ouvriers, et ceux qui se sont déplacés ou vendu une partie de leurs terrains pour faire la place pour l'hôpital).

Les buts de l'Hôpital Schweitzer sont essentiellement trois. Premièrement et cardinal en importance est celui de soigner les malades de Deschapelles et la partie avoisinante de la Vallée de l'Artibonite. Deuxièmement, on envisage d'encourager des spécialistes étrangers des diverses branches de la médecine à visiter Haïti. On cherchera à organiser des conférences de médecins pour démontrer des techniques opératoires et discuter les indications pour leur emploi. Finalement, le personnel prendra soin de pousser l'intérêt au travail et de cultiver un sens de responsabilité, surtout parmi les jeunes gens, pour résoudre des problèmes de santé publique et la dissémination d'information au sujet d'hygiène ainsi que d'autres aspects de prophylaxie contre la maladie.

Le conseil d'administration recherchera, et espère s'attirer, la collaboration d'un certain nombre d'Haïtiens qui par leur caractère et entraînement auront montré les aptitudes voulues pour exécuter la tâche en question. Si nos projets se réalisent nous espérons voir le jour où l'Hôpital Schweitzer sous la direction et en tant que propriété Haïtienne continuera, sans aide extérieure, à fonctionner avec efficacité.

Sans médecins, infirmières, et personnel consacrés au service de l'humanité cet établissement tomberait bien à court de nos espérances. Un bâtiment moderne, bien équipé au point de vue diagnostique et thérapeutique ne constitue pas un hôpital proprement dit quoiqu'il pourrait représenter un instrument utile dans une belle coquille. Même muni de personnel médical bien entraîné cet établissement pourrait manquer de beaucoup d'être digne du nom «Hôpital». A part les bâtiments, l'équipement, les hommes et les femmes, les hôpitaux ont besoin de nourriture et de médicaments administrés avec patience, intelligence, et une dévotion Chrétienne. Ce n'est qu'avec ces qualités que cet hôpital se montrera digne du nom qu'il porte. A cette tâche ma femme et moi nous nous consacrons nous-mêmes. Que la flamme de «Révérence pour la Vie» continue à brûler jusqu'à ce qu'elle nous ait consumés d'une sincère et profonde préoccupation pour toute vie qui souffre.

Discours prononcé par Emory Ross à la dédication de l'Hôpital Albert Schweitzer à Deschapelles, Vallée de l'Artibonite, Haïti, 11 décembre 1954

Notre Seigneur, lorsqu'il était sur la Terre, a fait des miracles, miracles de divers ordres dont certains n'ont, depuis, jamais été accomplis par les hommes.

Mais il est une sorte de miracle qui s'est répété bien des fois au cours des siècles, le miracle dont sont issues des transformations profondes dans l'esprit et dans l'âme des hommes. L'humanité a évolué. Les esprits se sont ouverts et se sont élargis. Les âmes ont été transformées intérieurement.

Ce miracle du changement de l'homme qui se répète au cours des générations a contribué plus qu'aucune autre puissance à libérer l'homme, à façonner son corps, son esprit et son âme, à transformer notre monde.

C'est le miracle auquel l'homme non seulement *peut* participer, mais auquel il *doit* prendre part. De l'extérieur, viennent de grandes forces, de nombreuses influences. Mais, en fin de compte, ce n'est que de l'intérieur que le coeur est remué, que l'âme agit, que l'homme est changé.

Le miracle d'une nouvelle direction de l'esprit, d'une nouvelle tendance de la vie, d'une nouvelle puissance libérée, c'est le miracle qui peut-être et qui est répété sans fin, dans chaque génération. Si un progrès dans les affaires humaines est accompli, c'est par ce miracle dans le coeur des hommes, ce changement dans les individus, cette nouvelle formation de l'intelligence et cette nouvelle direction de l'esprit.

Nous sommes réunis modestement et humblement ici aujourd'hui dans l'atmosphère d'un tel miracle, d'un miracle intérieur de l'esprit et de l'âme, qui peut être stimulé de l'extérieur mais que l'homme doit compléter lui-même intérieurement, qu'il peut compléter avec l'aide de notre Seigneur.

Au mois de novembre de l'an 1947, la revue *Life* à New York a publié un récit illustré sur le Docteur Albert Schweitzer, philosophe, théologien, musicien, médecin, et sur son hôpital dans la forêt baignée par le fleuve Ogoué au Gabon, en Afrique Équatoriale Française.

C'était un récit simple, basé sur les faits, donnant un aperçu du travail d'un homme et de ses collaborateurs dans la forêt africaine. Plusieurs millions de personnes ont sans doute lu ce récit. Peut-être certains furent-ils inspirés par des idées nouvelles et attirés par de nouveaux buts. Un grand nombre ont peut-être été simplement touchés, si même ce fut le cas. On ne peut jamais connaître l'étendue totale d'un fait quelconque.

Dans le sud-ouest des États-Unis, dans l'état d'Arizona, un homme de 37 ans lut ce récit. Il n'avait jamais entendu parler d'Albert Schweitzer comme probablement beaucoup d'autres Américains. Le récit de *Life* le remua. L'influence de l'extérieur agit, en combinaison avec les influences accumulées de tout son passé. Intérieurement, de nouvelles idées se firent jour. L'esprit s'ouvrit à de nouveaux horizons. L'âme sentit une nouvelle aspiration; des années de service médical chrétien pour des nécessiteux.

Nous sommes réunis ici aujourd'hui pour la consécration du bâtiment qui s'élève devant nous. Pour moi, il y a toujours des éléments miraculeux dans l'érection de nouveaux bâtiments destinés à de nouveaux desseins dans des sites nouveaux.

Mais le miracle de base, réel, dont nous voyons aujourd'hui le résultat, est le contact spirituel s'opérant à travers un océan, au moyen d'un récit illustré; la naissance d'une nouvelle idée dans un endroit nouveau, l'acquisition de nouveaux talents pour un nouveau métier, la dédication de l'homme à des fins nouvelles dans un milieu nouveau. Voilà le grand miracle du changement physique et moral que l'homme peut accomplir de concert avec son Créateur.

M. William Larimer Mellon, Jr. vendit sa ferme peu de temps après avoir lu l'article de *Life*. Avec sa femme et ses quatre enfants, il alla se fixer à la Nouvelle Orléans, commença les longues études et l'entraînement dont il devait tirer la compétence professionnelle qu'il était déterminé de posséder.

Sa femme ne chercha aucun diplôme médical, mais s'occupa avec diligence d'acquérir les techniques de laboratoires et d'infirmerie, et étudia l'organisation et l'administration des hôpitaux. Les quatre enfants, avec l'exemple vivant de leurs parents sous les yeux, s'en inspirèrent dans leurs études.

Pendant l'été de ces années de travail, les membres de cette famille se rendirent en Amérique du Sud, en Afrique, à Haïti, pour y étudier la maladie et les remèdes. Pendant les derniers jours de leur visite à Haïti, ils vinrent dans cette vallée de l'Artibonite. Ils apprirent que le développement agricole était imminent. La vallée et ses habitants devaient bientôt voir changer leur vie.

Pour que les hommes puissent vivre de façon créative et profitable, en tous temps, mais peut-être particulièrement pendant les périodes de grands changements, physiques et matériels, il faut de nombreux miracles de changements individuel et de développement. Les fondations d'une bonne vie sont à la fois physiques et spirituelles. Le miracle du changement humain agit sur le corps et l'âme.

L'idée naquit d'un petit hôpital, modeste mais bon, équipé pour le travail de clinique et d'enseignement, en améliorant la santé de la communauté et en développant la médecine préventive dans la vallée.

Ce serait une institution privée, fondée sur l'esprit chrétien, mais désireuse d'entretenir au plus haut point des relations de coopération avec le gouvernement et les éléments économiques et scolaires de la vallée et de la République. Elle serait destinée à être absorbée éventuellement par la communauté elle-même. Ce serait l'expression sincère de la confiance mutuelle, du partage humain, de la coopération universelle dont notre monde a tant besoin, et que notre religion exige de nous.

Une audience avec son Excellence le Président fut recherchée et obtenue à Port-au-Prince, et avec le Ministre de la Santé Publique. Les principes furent arrêtés. La Législature réagit favorablement. Des plans furent tirés. La construction commença.

Au début de cette succession d'événements, M. Larimer Mellon écrivait au Docteur Albert Schweitzer, qu'il avait appris à connaître en esprit et en personne. Il lui parla du hasard qui lui avait fait lire l'article illustré de l'influence du travail de Lambaréné sur son esprit, de l'hôpital projeté dans cette vallée haïtienne. Il demanda la permission d'utiliser, dans la vallée de l'Artibonite, le nom du Dr. Schweitzer, symbole de valeur spirituelle capable de franchir la terre et les mers. Cette permission fut accordée en termes affectueux et reconnaissants:

> Laissez-moi vous dire combien je suis touché que votre hôpital porte mon nom. Je suis vraiment ému, plus que je ne puis vous dire, de cette marque de sympathie. Je fais les meilleurs voeux pour votre oeuvre. Les commencements seront difficiles. Mais vous êtes courageux. . . .
>
> Votre dévoué,
> Albert Schweitzer

Aujourd'hui, nous assistons à cette dédication. En fait, c'est une triple dédication. Dédication du terrain et des bâtiments, des propriétés physiques, sur lesquelles cette nouvelle oeuvre prendra racine.

Dédication de l'accord et l'aide de la République, des éléments publiques et légaux, parmi lesquels la vie corporelle et l'action sont assurées.

Dédication des engagements spirituels, de la préparation professionnelle, des moyens matériels d'un père, d'une mère, d'une famille, dans un nouveau service chrétien destiné aux autres, et réalisé avec eux.

Dans tout ceci, il y a un miracle. Rien de moins, mais c'est un miracle d'une nature que tous peuvent partager; vraiment que tous peuvent accomplir avec leur Seigneur.

Dans cette entreprise, il n'y aura ni ouvrier, ni malade, ni docteur, ni infirmière, ni ami, qui pourra dans sa propre vie accomplir le miracle de l'intelligence nouvellement éclose, de l'esprit rehaussé, de la vie redirigée, miracle de mieux servir soi-même et les autres. Le miracle d'amour, d'amour chrétien au service de l'homme.

Celui qui donne reçoit généreusement. Sa coupe est bien remplie et déborde. La bonne vie transformée est le miracle toujours renouvelé, le miracle tout puissant, car en lui, Dieu multiplie les parts de son pouvoir divin.

En son nom, nous dédions cette oeuvre, invoquant sa bénédiction, nous la nommons l'Hôpital Albert Schweitzer.

Nous prions notre Seigneur de donner dans l'avenir à tous ceux qui s'associent à cette oeuvre chrétienne la force et la large vision, dont résultent les miracles qui s'accomplissent dans le coeur des hommes.

Docteur Albert Schweitzer
Lambaréné, Gabon
Afrique Équatoriale Française
le 9 janvier 1955

M. le Docteur Larimer Mellon
301 Northline Street
New Orleans 20, Louisiana

Cher ami; cher frère,

Je vous remercie de votre si bonne lettre du 15 décembre, dans laquelle vous me relatez la pose de la première pierre de l'hôpital qui porte mon nom. J'ai bien pensé à vous et je vous remercie de la peine que vous prenez de me mettre au courant de toute la cérémonie. Je trouve si beau que M. Ross ait pris part à la fête et ait parlé d'une façon si simple et avec tant de coeur et de compréhension. Quel ami que les deux nous avons en lui! Il sait dire les choses si bien . . . J'ai lu son discours de dédication avec émotion. Merci aussi des belles photographies que vous m'envoyez. J'apprends par les photographies et votre lettre que M. Beau sera l'administrateur de l'hôpital. Je suppose qu'il en dirigera la construction. Quand il a été chez moi, il n'a pas pensé qu'un jour il administrerait un hôpital. Ci-joint un petit mot pour lui. Merci du livre sur les maladies de Haïti que vous m'annoncez. Je suis revenu à Lambaréné le 30 décembre. Très fatigué. J'espère me reposer ici. Ma pauvre main ne me permet pas de vous écrire comme je voudrais. Mille bonnes choses à vous, à votre femme, aux enfants.

Je suis si heureux que le Dr. Ross soit devenu aussi votre ami. Laissez-moi encore vous dire combien je suis touché que d'après votre volonté l'hôpital porte mon nom. J'ai bien remarqué que la première pierre est marquée A$_S$.*

Votre dévoué,
Albert Schweitzer

301 Northline Street
New Orleans 20, Louisiana
le 17 mai 1955

Docteur Albert Schweitzer
Lambaréné, Gabon
Afrique Équatoriale Française

Cher Docteur Schweitzer,

Durant le cours du mois prochain nous déménagerons de l'U.S.A. pour nous installer à l'Hôpital Albert Schweitzer en Haïti. Toute ma famille s'impatiente pour y arriver. La première tâche que nous aborderons est celle de planter des arbres fruitiers et des légumes. Notre deuxième sera de construire un gros poulailler avec de la place pour des canards et des dindes. Une autre sorte de nourriture que je crois pouvoir élever à mon hôpital est le poisson—probablement la carpe—que nous allons tâcher de cultiver dans un étang que je ferai cet été entre ma maison et l'hôpital. J'ai déjà choisi l'endroit qui est au bord d'un fossé contenant une quantité d'eau fraîche. Le gouvernement haïtien m'a fait cadeau de 117 arbres fruitiers.

Vous serez content de savoir que le progrès de la construction est bon et que tout paraît marcher bon train. En ce moment l'architecte dit que le bâtiment sera prêt à recevoir les premiers patients au mois de janvier prochain.

---

* La façon dont le Docteur Schweitzer signait ses initiales; on les retrouve aussi brodées sur les sarraus à Lambaréné.

Au début, je compte commencer le travail avec trois médecins et moi-même. Comme infirmières nous aurons une chef (ou superviseuse) américaine, dont je vous ai envoyé la photo il y a quelques temps, plus Madame Beau et les quatre Haïtiennes qui sont ici aux États-Unis depuis deux années pour leur «perfectionnement», à leur manière de parler. Des quatre médecins, deux sont chirurgiens. Il y aura aussi, j'espère, un dentiste Haïtien au moins deux jours par semaine, mais cette personne je ne l'ai pas encore trouvée.

J'étais très touché d'entendre qu'un club de businessmen à Bâton Rouge (le Club des Lions) a offert de faire une collecte annuelle pour maintenir une clinique d'ophtalmologie à l'hôpital. D'une autre part l'Université de Pittsburgh en Pennsylvanie m'a fait savoir qu'elle est disposée à envoyer un de ses ophtalmologues résidents (de troisième année de leur résidence) pour un stage de six mois, qui serait remplacé par un autre pour un autre stage de six mois, et cetera.

Tout le monde, paraît-il, cherche à nous aider! L'église de New York «Disciples of Christ» est en train par un de ses ladies-clubs de coudre des toiles, draps, et autres pièces pour la salle d'opérations. Un autre groupe (Lions Club aussi) veut nous envoyer des lunettes usées qui seraient repolies et raccommodées. Tous les draps (12 douzaines) ont été contribués par une personne de la Nouvelle Orléans dont je ne connais pas encore le nom. Ces témoignages de confiance en l'hôpital sont bien des reflets de la haute considération qu'on vous tient dans ce pays. Nous lutterons pour mériter cette confiance!

La fatigue qui vous pèse ces jours-ci se laisse entrevoir dans votre dernière lettre à Emory Ross, qu'il a eu la gentillesse de me lire, et me préoccupe beaucoup, cher ami. Pour cette raison je vous prie sincèrement de ne *pas* penser à répondre à cette lettre. Je vous écris uniquement pour vous rendre compte de quelques événements importants.

Toujours votre dévoué,
Larimer Mellon

Ma femme et moi parlons souvent de Madame Schweitzer. Nous prions que sa santé tienne le coup de la chaleur équatoriale.

Docteur Albert Schweitzer
Lambaréné
Afrique Équatoriale Française
le 7 juillet 1955

Docteur Larimer Mellon
301 Northline Street
New Orleans, La.

Cher frère,

Merci des nouvelles que vous me donnez de vous et de l'hôpital. Bien des fois je pense à vous et je me dis que vous faites maintenant connaissance du lourd fardeau de soucis que représente un hôpital pour celui qui l'a fondé et qui doit le faire marcher. Et le plus grand souci de ce fardeau est celui de trouver les médecins dévoués dont on a besoin. Et ce fardeau vous allez le porter, comme moi maintenant, toute votre vie . . .

J'ai eu des mois très tristes à la fin de 1954, ne trouvant pas un médecin qualifié comme je le cherchais. Il y en avait pour un an, pour un an et demi. Mais ceux-là ne faisaient pas mon affaire, car ici il me faut des médecins qui se décident à venir pour une série d'années et à se dévouer à l'oeuvre. Ces semaines-ci j'ai encore perdu un médecin, portant le nom de Schweitzer et un parent pour moi, très capable. Il est en congé en Alsace et s'est fiancé à une jeune fille qui ne veut pas venir en Afrique. J'étais au désespoir, ne sachant comment à l'improviste, le remplacer. Et voici que non seulement un mais deux médecins s'offrent à moi pour venir pour longtemps à mon hôpital. Les deux sont très sympathiques et leur écriture me fait confiance. Car en engageant, je vous le dis, il faut considérer l'écriture. Et si vous n'êtes pas un peu connaisseur, consultez un graphologue. Cela vous garde de beaucoup de déceptions.

J'ai lu avec intérêt tout ce que vous écrivez sur l'hôpital en création. Je suis heureux que vous ayez à nouveau autour de vous M. et Mme Beau. Ils pourront, comme personnes de confiance, vous aider d'une façon tout à fait particulière. Je suis tranquillisé de les savoir autour de vous. Dîtes-leur bien des choses de ma part. On ne les a pas oubliés à Lambaréné.

Oui, il faut que dans les abattoirs toute cruauté soit bannie. Il y a encore beaucoup à faire pour cela dans le monde entier. Merci de la photographie avec «A$_S$ 1954.» Je la garde précieusement. Ma femme et moi nous vous envoyons à tous nos bonnes pensées.

De coeur, votre dévoué,
Albert Schweitzer

Saint Marc, Haïti
le 21 août 1955

Docteur Albert Schweitzer
Lambaréné, Gabon A.É.F.

Cher Docteur Schweitzer,

Votre lettre datée le 7 juillet porte le cachet de Lambaréné et la date du 30 juillet. Elle m'est arrivée le 15 août par la voie de la Louisiane, où Jacques Beau me l'a réexpédiée. En l'espace de quinze jours elle a survolé pas mal de mers! Je n'ai pas à vous dire ma grande joie et celle de ma femme au moment que votre lettre et celle de Mlle Haussknecht sont arrivées. J'avais su qu'un incident vous est arrivé à Port Gentil et il nous a beaucoup soulagé de lire que vous marchez. Pourtant Mlle Emma n'a pas dit que le genou va tout à fait bien. Nous espérons tout de même que c'est bien le cas.

Ici la construction de l'hôpital continue d'une manière satisfaisante quoiqu'il y ait eu presque 30 jours de retard à cause des pluies qui ont rendu le sol trop mou pour soutenir les bois qui devaient recevoir le béton du toit. Heureusement on s'est aperçu de cette contrariété *avant* que le béton ne fut coulé. Finalement, après une attente d'un mois, le toit a été formé droit et juste. A présent le béton est sec et sans fissures ou ondulations, on a enlevé les soutiens, et plus de 75 pour cent du toit est fini et reste appuyé sur des colonnes, aussi en béton renforcé de barres d'acier et coulées en même temps d'un seul morceau (colonne et toit). Le toit a huit pouces d'épaisseur et le poids au dessus de chaque salle de 25 lits dépasse 250 tonnes. D'après nos ingénieurs il est calculé pour tenir le coup contre les tremblements de terre qui en Haïti sont assez fréquents. Avec une hauteur de 14 pieds du plancher au sommet du toit, l'air circule librement et les salles sont fraîches même à midi quand la température dehors monte vers les 38°C. Les murs consisteront de «jalousies», soit des louvres en verre adjustables par une manivelle qui contrôlera chaque série de louvres, soit chaque «fenêtré». Malgré le délai causé par les pluies, les ingénieurs insistent à ce que l'hôpital sera prêt à recevoir des cas chirurgicaux durant le mois de janvier. Notre petit «staff» de quatre médecins comptent être ici en décembre pour s'installer et organiser le laboratoire, la clinique, et la pharmacie.

Ces deux semaines dernières nous avons été très occupés à trouver un bon terrain pour commencer une ferme qui assurerait une alimentation pour les patients et le personnel. Finalement on s'est fixé sur 50 carreaux, soit 160 âcres, de très bonne terre, plate, arable et arrosable par moyens d'un canal. L'eau entre dans le canal d'une petite rivière qui est affluente à l'Artibonite. Au besoin, on peut aussi utiliser une prise d'eau plus haut, en amont l'Artibonite. Le terrain que nous avons choisi appartient à l'état d'Haïti et on nous fait croire que le gouvernement est disposé à mettre ses 50 carreaux de terres au service de l'hôpital. En ce moment le terrain est occupé par 18 familles de paysans qui vivent de leurs fermes et qui payent moyennement 35 gourdes, soit 7 dollars le carreau annuellement au gouvernement comme loyer. Si nous arrivons à avoir ce morceau je compte utiliser les fermiers qui sont déjà sur place pour élever des grains et des légumes et pour engraisser des boeufs. On me laisse croire que les occupants actuels seront contents de travailler pour la moitié de la récolte. Puisqu'on ne nous demandera pas de loyer ou d'autres impôts cela évitera aux paysans le paiement des 7 dollars le carreau, ce qui constituera pour eux et pour l'hôpital un grand avantage.

En juin, quelques jours avant que je devais partir pour Haïti, les médecins de la Nouvelle Orléans ont découvert un ulcère gastrique qui m'a gardé au lit deux semaines sur un régime de lait et de crème. Après 30 jours de repos et de diète molle, la radiographie était devenue complètement négative et, car je n'ai jamais eu de symptômes du tout, on m'a prononcé guéri. Depuis le 20 juillet (6 semaines après la découverte de l'ulcère) je mange à peu près de tout et je continue à me sentir solide et normal de tous les points de vue. A mon retour à la Louisiane en septembre pour passer quelques jours, je vais contrôler encore une fois l'estomac avec une photographie, cependant j'estime qu'il n'y reste plus rien de l'ulcère.

Merci, Docteur Schweitzer, pour votre dernière lettre. Je souhaite que les deux médecins qui vous ont écrit sont des personnes dévouées et bien entraînées pour le service qu'ils désirent rendre. Je commence à comprendre la difficulté que l'on a pour trouver et pour garder le bon personnel! Nous vous envoyons nos affectueux souvenirs. N'oubliez pas de saluer Madame Schweitzer de la part de ma femme et moi-même.

De coeur,
Larimer Mellon

P.S. Il vous intéressera de noter que les deux photos faites du haut du réservoir d'eau font ensemble une vue panoramique vers l'est. La route qui aboutit à l'hôpital se voit au loin. L. M.

Saint Marc, Haïti
le 21 août 1955

Mlle Emma Haussknecht
L'Hôpital du Docteur Albert Schweitzer
Lambaréné, A.É.F.

Chère Mademoiselle Haussknecht,

Il ne serait pas possible de décrire la joie que votre lettre est celle du Docteur nous ont apporté cette semaine. Ça nous a remonté beaucoup les esprits de savoir que vous pensez à nous autres en Haïti et que, malgré toutes les préoccupations que vous avez, vous suivez la marche des choses selon les nouvelles que je vous fais parvenir. De ce côté, je peux vous assurer que nous pensons à Lambaréné tous les jours. Avec chaque problème qui se présente—et ils sont nombreux—je me demande constamment «Que ferait le Docteur Schweitzer dans ces circonstances?» La plupart des fois il me semble que la réponse est assez nette, et je suis les conseils qui m'arrivent d'outre-mer, dirait-on.

Je viens de demander à un agronome d'ici si les noyers poussent en Haïti et il m'assure que non, à cause de la chaleur et le fait que les saisons ici sont trop pareilles pour ce genre d'arbre. Cependant le mangoustanier est connu et apprécié en Jamaïque et ferait sûrement un succès ici également. Je me demande pourtant si les semences ne seraient pas plus convenables pour expédier. Si toutefois il y a quelqu'un qui voyage en Amérique en avion je vous saurais gré de m'envoyer une petite plante de Lambaréné mais autrement les semailles pourraient être envoyées dans un pli directement en Haïti. Il serait beaucoup plus compliqué de me les envoyer aux États-Unis car le Département d'Agriculture là-bas ne permet pas l'entrée libre et nous ferait des histoires sans fin pour les avoir! Tandis qu'ici en Haïti on reçoit n'importe quoi de l'étranger à bras ouverts.

J'étais étonné de savoir que votre jambe gauche (si je me rappelle bien) vous a ennuyé jusqu'en décembre passé. J'espère qu'à présent le genou continue solide et que l'accident que le Docteur a subi est oublié dans le passé. Cet été nous avons eu un accident dans la famille qui n'a pas fini trop grave mais qui nous a coûté beaucoup de soucis durant 2 ou 3 jours. Billy, mon fils aîné, conduisait une voiture le 2 août avec 5 autres jeunes gens (tous garçons) avec lui. Comme il pleuvait et il faisait un peu trop de vitesse, la voiture a frappé contre un gros morceau de béton au bord de la route. Tous les 6 ont perdu conscience durant quelques moments, Billy s'est fracturé 2 côtes et rupturé la plèvre droite causant un pneumothorax spontané du côté droit. Un autre garçon, jeune dentiste Haïtien qui devait partir pour New York le lendemain, s'est fracturé la cuisse droite, et encore un autre s'est fracturé une jambe, mais sans déplacement de l'os heureusement. A présent il ne reste que le dentiste couché au lit avec la jambe en traction. Les autres sont debout et en circulation, grâce à Dieu. La voiture était complètement abîmée. Il ne restait qu'un seul pneu qu'il valait la peine de garder! Par une inspiration heureuse, Gwen avait assuré la voiture et ses occupants contre tout accident et jusqu'à la limite huit jours auparavant. Des fois je dois admettre que ma femme n'est pas bête!

Veuillez transmettre, à tous nos amis, les bons souhaits et les bonnes pensées de Gwen et de moi-même. Saluez surtout, je vous prie, Mlles Kottmann et Koch, aussi Mlle Silver si toujours elle est avec vous au Gabon.

Le petit Ian et Jenny, tant que ma femme et moi vous envoyons nos salutations affectueuses.

Larimer Mellon

Post-scriptum à une lettre d' Ali Silver*

le 27 mai 1956

Cher frère,

J'apprends de temps en temps ce que vous faites. En dernier lieu j'ai des nouvelles de votre hôpital par Mme Erica Anderson qui a photographié chez vous. Elle m'a écrit combien votre hôpital est bien construit. Je pense bien souvent à vous. Quand j'ai des soucis pour trouver le bon personnel je pense que vous connaissez déjà ces soucis, quand j'ai des droits à défendre contre le gouvernement je pense que vous en savez aussi déjà quelque chose. Mais ne vous laissez pas décourager. L'essentiel c'est que l'esprit de vos collaborateurs soit bon et qu'ils cherchent à faire selon vos intentions. Surtout ne leurs faites pas de concessions. Ils doivent faire ce que vous jugez indiqué. Soyez gentil mais ferme. Il faut que votre hôpital soit ce que vous voulez qu'il soit, et que votre personnel soit une famille où règne l'esprit de famille. C'est difficile à créer cette tradition . . .

Nous sommes si triste de savoir Mademoiselle Emma malade. Je ne puis pas encore réaliser qu'elle ne soit plus à côté de moi ici . . .

Depuis que je suis de retour à Lambaréné je suis écrasé par le travail. Avec mes bonnes pensées pour vous, votre femme et vos enfants.†

De coeur, votre dévoué,
Albert Schweitzer

---

* Ali Silver, infirmière hollandaise, fut assistante de confiance à l'Hôpital Schweitzer à Lambaréné. Elle aimait tout particulièrement les animaux.

† Ce post-scriptum, sauf la partie au sujet de Mlle Emma, fut recopié à la main par Larimer Mellon. Ce qui montre que l'avis avait une grande importance pour lui.

Boîte Postale 4
Saint Marc, Haïti
le 3 juin 1956

Docteur Albert Schweitzer
Lambaréné, A.É.F.

Cher Docteur Schweitzer et ami,

Je m'empresse de vous faire savoir ma joie à recevoir hier la lettre de Mlle Silver contenant un mot de vous. Je suis content que Madame Anderson vous ait donné les nouvelles d'ici et qu'elle vous ait décrit, paraît-il, en quelque sorte les soucis que j'ai eu pour trouver le personnel convenable pour les tâches différentes. Il n'a pas toujours été facile, mais cependant je ne suis pas découragé. L'hôpital va fonctionner avant la fin du mois actuel, je suis persuadé. La combinaison de l'intelligence et le dévouement ne se trouve pas toujours dans la même âme hélas! Quand j'ai lu votre remarque sur la fatigue que vous sentez ces jours-ci j'ai eu en même temps le sentiment d'une forte tristesse à votre égard et un grand soulagement envers ces petits soucis dont je me plains de temps à autre. Heureusement l'encouragement est contagieux!

Cette après-midi je suis seul à ma nouvelle demeure, qui est à 100 mètres de l'hôpital. Il n'y a que ma petite chienne noire, «Peachy» et la cuisinière indigène, «Gilberte», que vous verrez certainement dans les photos d'Erica. Ma femme est allée à Port-au-Prince à la rencontre de l'architecte qui vient faire son inspection terminale. Cette tranquillité me permet de réfléchir et de partager avec vous par la plume quelques pensées qui se sont présentées dernièrement.

Il y a parmi notre groupe ici une ou deux personnes qui ne sont pas douées des idéaux que j'ai épousés moi-même et que je considère comme les vôtres. Après avoir considéré longtemps (quelques semaines) j'ai décider de révoquer l'une de ces personnes, soit une des infirmières haïtiennes qui vient de passer deux ans aux États-Unis pour se «perfectionner» (comme disent les français) en anesthésie. Malheureusement durant son stage là-bas elle a appris mieux ses droits que ses devoirs. Comme elle devenait insupportable et irritait ses collègues contre les heures de travail, les jours de congé, et même le système de transport que j'ai monté entre l'hôpital et Saint Marc, je n'ai pas pu faire autrement. L'autre personne est une doctoresse et la femme d'un de mes médecins. Elle est médecin aussi et s'occupera de l'anesthésie principalement (jusqu'ici les anesthésistes nous donnent le plus de tracas!). Elle a déclaré plusieurs fois depuis son emploi au mois d'août, 1955, qu'elle désire beaucoup d'argent et qu'elle ne s'intéresse à la médecine que pour pratiquer la science que son entraînement lui a apporté. Elle prétend de mépriser tout appel humanitaire que les malades pourraient exercer sur elle! Cependant, j'ai pensé que ces déclarations provenaient d'un bravado qu'elle employait pour choquer son mari et nous autres, et que cela ne représente pas ses sentiments réels. Mais je commence à douter si je ne me suis pas trompé. En tout cas, je la surveille de près et lorsque nous commençons à traiter des malades j'aurai l'occasion de vérifier mes soupçons avant d'agir. L'idée qu'une personne peut toujours changer d'avis me retient souvent la main et je vacille entre la générosité chrétienne et la faiblesse. Les traits de ces deux qualités ne se distinguent pas toujours avec clarté!

Mais alors, assez de mes malheurs locaux! J'espère seulement que vous en tirerez quelque réconfort sachant que je pense très souvent à vous en cherchant à éviter les pièges étalés le long du chemin que foule le missionnaire.

Pour me ranimer durant les heures de loisir que je possède (jusqu'à maintenant), il y a un bain de mer des fois à Montrouis, qui est à 50 kilomètres d'ici, le son de votre orgue par la voie des disques Columbia, l'étude de l'Hébreu que j'ai commencé il y a neuf mois et qui me permets déjà de lire pas trop difficilement la bible. J'ai même le nouveau testament en hébreu qui me semble plus intéressant à lire qu'en grec, car le langage d'Israël et les paroles de Jésus y sont mieux reproduits, me semble-t-il. Je me rends compte que l'hébreu du nouveau testament a été traduit du grec, néanmoins il me semble dommage que nous n'ayons pas les paroles de Jésus dans la langue qu'il a parlé. Ce qu'il a prononcé était certainement plus hébreu que grec!

Comme une autre fois que je me rappelle, je prends congé de vous, cher frère paternel que j'admire tant, sur une note théologique. A vrai dire, je ne sais plus ce que j'ai dû étudier pour mieux travailler ici— plomberie, charpente, comptabilité, le droit, la théologie ou l'agronomie —il faut pas mal de tout!

Veuillez remercier Mlle Silver de sa gentille lettre et lui assurer combien je serais content de quelques semences de mangoustanier. J'ai écrit à Mlle Emma il y a quelques semaines mais il n'y a pas eu de réponse jusqu'à présent. Nous pensons souvent à elle en souhaitant un mot favorable.

Toujours de coeur,
Larimer Mellon

Ma femme et moi vous envoyons nos bonnes pensées à vous, à Madame Schweitzer, Mlles Silver, Kottman, et Lagendyk. Je n'oublie pas Docteur Percy et Mme Percy et Joseph du laboratoire. Nous les saluons tous. L. M.

Hôpital du Docteur Schweitzer
Lambaréné, Gabon
Afrique Équatoriale Française
le 26 août 1956

M. Larimer Mellon
P.O. Box 4
Saint Marc, Haïti

Cher frère,

Je profite de l'occasion de la lettre de Mme Erica pour t'envoyer un bonjour. En pensée je t'ai écrit l'une ou l'autre fois, car je ne t'oublie pas et je puis bien me figurer toutes les difficultés qui peuvent surgir dans ton activité. J'apprends par Mme Erica qu'en effet des difficultés de tout genre n'ont pas fait défaut. Le plus grand souci est toujours de trouver le personnel bien intentionné et où les uns vivent en bonne entente avec les autres. Donc mi-juillet toute la construction a été terminée et le service a pu commencer. C'est déjà beaucoup de gagné . . . Je te souhaite que tu ne te fatigues pas trop.

De coeur avec mes bonnes pensées pour toi et ta chère femme.

De coeur,
Albert Schweitzer

Le décès de Mlle Emma a été un grand malheur pour moi. Elle ne peut-être remplacée. Vous l'avez connue et appréciée. Elle était une personnalité admirable.

Hôpital du Docteur Schweitzer
Lambaréné, Gabon
Afrique Équatoriale Française
le 29 octobre 1956

M. Larimer Mellon
P.O. Box 4
Saint Marc, Haïti

Cher frère,

Je veux te parler du Dr. P. qui était chez [moi] une série d'années et qui peut-être demandera s'il n'y a pas une place pour lui à ton hôpital. Voici la raison qui le décide de chercher une autre position. Sa femme l'a quitté il y a quatre ans sans que je sache la raison, et est allée habiter la Suisse. Son mari lui a fourni de quoi vivre. Maintenant, quand il est allé en congé en Europe en janvier 1956 il a eu une liaison avec une autre femme, et il veut épouser celle-ci et il le fera quand il aura obtenu la séparation de sa première femme. Mais il croit de son devoir de vivre avec la femme avec laquelle il s'est lié depuis quelques mois en France, parce qu'elle a divorcé avec son mari (qui est un commerçant de bois au Gabon) pour aller vivre avec P. Nous connaissons cette femme. C'est au fond une brave femme, d'un milieu cultivé. S'ils se marient ils feront un bon ménage ensemble.

Comme nous vivons ici en famille je ne puis le recevoir ici avec une dame avec laquelle il n'est pas légitimement marié. Chez vous, les médecins et les infirmières ne font pas une grande famille comme chez nous. Les médecins ont leurs logement à eux. Y aurait-il alors la possibilité que le Dr. P. vienne avec cette dame qu'il considère et traite comme sa femme en attendant que le divorce entre lui et sa première femme soit prononcé et qu'il puisse l'épouser. Ici à Lambaréné on saurait qu'ils ne sont pas légitimement mariés, mais là-bas à votre hôpital on pourrait bien l'ignorer.

Dans le cas où vous pourriez recevoir le Dr. P. dans ces conditions vous ferez une acquisition admirable pour votre hôpital. Il est vraiment un médecin remarquable avec des connaissances universelles. Il est remarquable, dans la médecine générale et interne, et remarquable comme chirurgien. Un travailleur infatigable, ne pensant qu'à son service. Très bien vu par le personnel des infirmières et des infirmiers parce qu'il est toujours correct, toujours aimable, toujours aimable aussi avec ses collègues, ne leur laissant pas sentir sa supériorité. Et un chef avec toutes les qualités que celui-ci doit avoir. Les deux docteurs qui ont travaillé avec lui ici depuis plus d'un an le regrettent beaucoup. Il était toujours si gentil avec eux et ils ont beaucoup appris par lui. Je comprends leur tristesse, car moi aussi j'avais une grande sympathie pour lui. Si vous l'avez, le service de votre hôpital marchera de la meilleure façon et si par hasard pour un certain temps vous n'aviez pas trouvé d'autres médecins pour votre hôpital il assurerait le service tout seul, comme c'est arrivé chez moi. Il sait admirablement organiser. Moi, je perds beaucoup en ne pouvant le laisser revenir chez moi parce qu'il n'est pas encore légitimement marié avec cette dame. Ma vie sera beaucoup plus difficile qu'avant. Mais si je dois perdre le Dr. P. je voudrais que vous puissiez en profiter et que votre vie devienne plus facile.

Même si vous avez votre personnel complet en ce moment je vous conseillerais de l'engager. Il ne vous demandera que juste pour pouvoir vivre. Et dès que vous aurez une place libre vous l'y mettriez, même s'il doit avoir pendant un certain temps qu'une place de deuxième ou de troisième rang. L'essentiel est qu'il puisse vivre et travailler. Et vous verrez que sa femme est quelqu'un et avec son éducation et son goût pour le travail elle pourra peut-être aussi vous rendre service.

La grande question: si vous pouvez obtenir pour lui l'autorisation de séjourner et de travailler à Haïti. Le Dr. P. est d'origine Hongroise. Il a son brevet de médecin et de Docteur en Médecine hongroise. Il était chirurgien pour les opérations des nerfs et du cerveau en Hongrie. Quand les Russes sont arrivés à la fin de la guerre il a fui avec sa femme et est allé en Suisse. Là on ne l'autorisait pas à pratiquer la médecine. Il était obligé de gagner sa vie par des travaux d'électrotechnique. Il a de grandes connaissances dans ce domaine. Notre appareil de radiologie c'est lui qui l'a monté ainsi que les moteurs et toutes les machines de l'hôpital de Lambaréné. C'est là un grand avantage. Il entretient tous les appareils, tous les moteurs de la meilleure façon.

Quand il était en Suisse j'ai entendu parler de lui par une de mes infirmières Suissesses en congé, qui avait fait sa connaissance quand il faisait une réparation d'un appareil électrique dans un sanatorium. Je suis allé le voir et je l'ai engagé aussitôt. Et je n'ai pas eu à m'en repentir. Le Gouverneur Général de l'Afrique Équatoriale Française, qui était mon ami, lui a rendu possible de venir à Lambaréné et d'y pratiquer la médecine avec son passeport d'apatride (passeport Nansen*) qu'on lui avait je crois établi en Suisse. Cela doit être possible qu'avec ce passeport valable dans le monde entier il puisse aussi venir à Haïti et être autorisé à y pratiquer. J'avais espéré que le Docteur P. conduise un jour mon hôpital après ma mort. Cela devient impossible parce qu'il ne veut pas laisser la femme à laquelle il s'est lié, seule en France jusqu'à ce qu'il ait obtenu le divorce et puisse l'épouser. Moi de mon côté je ne puis le recevoir dans la grande famille de l'hôpital que s'il est légitimement marié avec cette femme. C'est tragique. Alors, si seulement vous pouviez profiter de cette situation pour vous assurer la collaboration de ce médecin remarquable et qui a aussi des qualités humaines. J'ajoute que le Dr. P. lit, écrit et parle bien l'anglais et qu'il a le don des langues. Il apprendra facilement la langue du pays.

Je vous fait parvenir ces lignes par Madame Erica Anderson, ne sachant si vous êtes aux USA ou à Haïti. Répondez-moi aussitôt que vous pourrez me dire, s'il y a une possibilité de le faire entrer à Haïti et de lui donner une place même provisoire et modeste à votre hôpital. Je reste pour une série de mois encore à Lambaréné. Cette année-ci je ne fais pas de séjour en France. J'ai beaucoup de travail ici de toute sorte.

J'espère que vous et votre famille vous allez bien et que l'hôpital ne vous donne pas trop de soucis. Quand se verra-t-on? Mes bonnes pensées aussi à Mme.

Albert Schweitzer

* Passeport de provenance de l'Organisation des Nations Unies qui indique une personne dépourvue de nationalité légale.

P.O.Box 4
Saint Marc, Haïti
le 11 novembre 1956

Docteur Albert Schweitzer
Lambaréné, Gabon

Cher frère aîné,

J'ai reçu avec joie votre lettre au sujet du Docteur P. Il est arrivé par un hasard fortuné (dans un sens) que deux de nos médecins ici désirent partir avant la fin de leur contrat, ce qui permettrait la place pour Docteur P. s'il voudrait faire partie de notre équipe jusqu'au mois d'août au moins. Ayant votre conseil de profiter de ses services, je lui ai envoyé hier le message suivant par câble:

Possible vous offrir poste jusqu'en août. Appointements modestes, logements et transports océanique à deux pourvu arrivée décembre. Passeport Nansen acceptable. Câblez décision. Mellon

Puisque ces médecins—homme et femme—qui veulent [nous] laisser pour rejoindre la Marine Américaine, ont l'intention de partir le premier décembre, il serait bon que Dr. P. arrive aussitôt que possible pour remplacer l'un des deux. J'estime aussi que s'il ne resterait que quelques mois (mettons moins que six mois) l'hôpital ne pourrait pas lui offrir le passage pour lui et sa fiancée. Ma raison pour avoir mentionné le mois d'août 1957 comme limite possible de son séjour en Haïti est la suivante: en Amérique tous les hôpitaux font leurs contrats avec les internes et résidents pour le terme d'une année à partir du premier juillet. Nous avons eu plusieurs demandes par de très bons médecins qui pourraient et voudraient venir ici au mois de juillet 1957, soit aussitôt que leurs contrats actuels aboutissent.

D'autre part j'ai toujours en tête qu'il serait bon pour vous et pour votre hôpital que le Docteur P. revienne là lorsque son divorce sera effectué. En fixant le terme de son travail à huit mois la porte de son retour chez vous reste ouverte!

Aussitôt que je reçois sa réponse et sa décision je vous ferai signe. Il me serait utile cependant de connaître le montant des appointements qu'il a reçu chez vous, surtout pour ne pas créer une situation trop avantageuse ici qu'il ne voudrait pas laisser plus tard. Peut-être il vaudrait un câble à ce propos.

Ma femme et moi étions si contents de recevoir des photos récentes de vous par Mrs. Miriam Rogers de Boston. Aussi nous espérons fort qu'Erica puisse venir nous visiter prochainement. Nous l'attendons avec impatience pour avoir les nouvelles de Lambaréné—de vous et de Madame Schweitzer et les autres confrères et consoeurs.

Mais même avec les visites «en navette» d'Erica il me manque beaucoup de connaissances! Vous me demandez quand nous nous reverrons. J'accepte ma tâche ici à l'hôpital durant les années de vie qui me restent. Heureusement l'enthousiasme de ma femme et moi-même s'augmente de jour en jour mais est-ce vraiment la responsabilité sans limites que nous impose la philosophie de «révérence pour la vie» nous condamne à ne plus nous revoir? Grâce à Jacques Beau et un médecin chinois qui travaille avec nous depuis septembre, l'hôpital est mieux organisé maintenant et fonctionne d'une façon beaucoup plus calme qu'auparavant. Au cours d'octobre nous avons eu plus de mille visites médicales—c'est-à-dire le nombre de consultations a dépassé 1000. Je ne sais pas combien de malades sont venus car ces consultations représentent plus d'une visite du même patient.

Si vous trouvez utile et opportun, cher frère aîné, veuillez me faire savoir vos idées sur notre prochaine rencontre. Est-ce qu'Haïti vous semble une possibilité? Il y a-t-il un projet quelconque qui vous amènerait aux États-Unis l'année prochaine? Je me rends compte qu'il y a beaucoup de groupes là qui font de leur mieux pour vous faire venir. Ou bien devrais-je penser à voyager vers vous en Alsace ou en Afrique? Et si oui, à quelle époque? Les années s'écoulent!

Votre frère dévoué,
Larimer Mellon

Docteur Albert Schweitzer
Lambaréné, Gabon
Afrique Équatoriale Française
le 29 novembre 1956

M. Mellon
P.O. Box 4
Saint Marc, Haïti
Cher frère,

J'apprends par Mme Erica que vous acceptez Dr. P. et qu'il peut venir chez vous aussitôt! Je ne puis vous dire, ce que cette nouvelle est pour moi et combien je vous en suis reconnaissant! Je souhaite tellement que le Dr. P. sorte de la situation difficile où il se trouve par le fait que le personnel de mon hôpital fasse une grande famille dans laquelle il ne peut pas entrer avec une dame qui n'est pas comme sa femme légitime. D'autre part, d'après le statut français, il ne peut avoir la permission, étant sans nationalité, de travailler comme médecin sur territoire français autre part qu'à mon hôpital, où l'a agréé de sa propre autorité un Gouverneur Général sur ma demande et pour me rendre service. De cette situation il n'y avait pas d'issue que celle que je vous ai demandée et que vous m'avez accordée! Je vous suis reconnaissant d'aider ce médecin remarquable qui vous prouvera sa reconnaissance en vous secondant dans votre activité à votre hôpital avec ses grandes connaissances et avec grand dévouement. Il m'a écrit qu'il peut entrer chez vous et je lui ai répondu qu'il doit le faire. Quand il aura travaillé chez vous, vous déciderez si vous voulez le garder, ou s'il doit revenir chez moi. Pour le moment il s'agit qu'il ait une situation et du travail, car voici des mois qu'il a dû vivre sans être occupé et étant entretenu par mon hôpital sans pouvoir rendre son service. Je le laisse aller tranquillement chez vous sachant qu'il sait travailler et se dévouer.

Je ne vous écris que ces lignes parce que je suis très occupé et très fatigué. C'est curieux que j'éprouve une grande tranquillisation de savoir le Dr. P. à côté de vous, parce que je sais combien il doit être difficile pour vous aussi de trouver le bon personnel médical. Et n'oubliez pas que le Dr. P. est un remarquable travailleur en électricité. Il saura vous installer et entretenir tous les appareils aussi bien qu'un ingénieur du métier.

En ce qui me concerne j'ai un bon personnel à côté de moi. Comme par hasard j'ai comme chirurgien une doctoresse remarquable qui a encore travaillé durant une série de mois sous le Dr. P. et a beaucoup profité de son enseignement. J'ai aussi un médecin d'Israël qui était un camarade d'étude du Dr. P. en Hongrie et qui est très dévoué et consciencieux. Et j'ai aussi un médecin de l'Afrique du Sud, de nationalité hollandaise, qui a encore travaillé chez P. Mon service malgré le départ de P., que les collègues qui ont travaillé sous lui regrettent comme moi, est donc convenablement assuré. C'est une grande chance.

Avec mes bonnes pensées pour vous et votre femme et toute la famille.

De coeur, votre dévoué,
Albert Schweitzer

Quand se reverra-t-on?

Dr. Albert Schweitzer
Lambaréné, Gabon
Afrique Équatoriale Française
le 10 février 1957

M. le Docteur Larimer Mellon
Boîte Postale 4
Saint Marc, République de Haïti

Cher frère,

Ne vous étonnez pas de la réponse tardive à votre lettre. Celle-ci n'a pas voyagé comme lettre avion, mais comme lettre ordinaire!! Sur l'enveloppe il y a la remarque «Affranchissement insuffisant». Moi-même je ne comprenais pas de ne pas recevoir un mot de vous en réponse à ma lettre . . .

Je m'empresse de vous dire que le traitement du Docteur P. chez moi était de cent mille francs français. J'aurais voulu lui donner plus pour le travail qu'il faisait. Mais je ne pouvais faire une trop grande différence entre lui et les autres médecins.

Je suis certain qu'il vous rendra de grands services. Sur la question s'il peut revenir chez moi je ne puis encore me prononcer. Si j'ai bien compris votre lettre, vous êtes obligé de changer tous les ans votre personnel. Ceci c'est une chose très grave. Moi j'ai eu des médecins qui sont restés une série d'années. L'un était chez moi huit ans! P. plus de 5 ans. Vous devez avoir beaucoup de difficultés, si vous n'avez pas de continuité dans le personnel de vos médecins. Hélas, vous et moi nous sommes les esclaves de nos hôpitaux . . .

Notre prochaine rencontre? Je ne pense pas pouvoir prendre de vacances qui me permettraient de venir en Amérique ou à Haïti. J'avais pensé à une rencontre en Europe. Mais là aussi je ne puis encore fixer de date d'un séjour en Europe.

Je vous écris tard dans la nuit. Veuillez me dire par un mot, si le Dr. P. vous rend de bons services. Je suis en souci jusqu'à ce que je le sache. Car cela me pèserait beaucoup de vous avoir prié d'accepter un médecin qui ne vous soit pas un collaborateur précieux.

Avec mes bonnes pensées pour vous, votre admirable femme, M. Beau et sa femme et le Dr. P. et sa compagne.

De coeur, votre dévoué,
Albert Schweitzer

Lambaréné, Gabon
Afrique Équatoriale Française
25 mars 1957

W. Larimer Mellon, M.D.
Saint Marc, Haïti

Cher ami,

Je me réjouis que Mme Erica Anderson ait pris de jolies photographies de votre hôpital comme elle l'a fait pour le mien en son temps. Je souhaite que ces photographies gagnent à votre hôpital, qui est la soeur du mien, la sympathie qu'il mérite et dont il a besoin.

De coeur,
Albert Schweitzer

Docteur Albert Schweitzer
Lambaréné, Gabon
Afrique Équatoriale Française
le 26 mars 1957

M. Larimer Mellon, M.D.
Hôpital Albert Schweitzer
P.O. Box 4
St. Marc, Haïti

Cher frère,

Je suis reconnaissant à tous les membres de l'hôpital-soeur de leurs signatures. Veuille leur dire, combien cela m'a intéressé et réjoui. J'ai été étonné du grand nombre du personnel de l'hôpital-soeur. Mais je pense qu'ils ne sont pas occupés à l'hôpital toute la journée. Mme Erica m'a raconté son séjour parmi vous. Elle en a beaucoup joui et s'est donnée beaucoup de peine pour les photographies. Elle m'a dit que vous aimeriez avoir un petit mot à faire paraître dans le petit volume de ces photographies. Le voici. J'espère qu'il est conforme à ton désir . . .

A présent je vous parle de P. Vous ne me dites pas assez sur la façon dont il travaille et vous rend service, s'il réalise ce que j'attendais de lui en vous le recommandant. Montre-t-il le zèle pour le travail qu'il avait ici? Est-il consciencieux? Sait-il bien diriger le personnel? Prend-il sa place dans votre salle d'opération avec ses remarquables connaissances en chirurgie et son talent manifeste pour la chirurgie? . . . Voilà les questions que je me pose et sur lesquelles j'aimerais être renseigné. Car c'est une grande responsabilité pour moi de vous l'avoir recommandé. Si chez vous il est le même travailleur que chez moi, je suis tranquillisé. Car je n'ai eu, moi, qu'à me louer de lui.

A présent, entre nous, la question de son avenir chez vous. Pour son retour chez moi, voici. Comme travailleur, je ne désire que son retour. Mais d'abord je ne crois pas que sa femme consente au divorce. Elle n'a aucune raison de le faire. Il faut qu'il l'entretienne et ceci s'ajoutant à ce qu'elle peut gagner en Suisse, lui permet de vivre convenablement.

Ensuite: comme chef de mon hôpital, P. vivait bien dans son rôle s'il s'agissait seulement de diriger le service médical. Mais comme nous vivons en famille il s'agit qu'il soit aussi le chef de la famille, avec toute l'abnégation et toute la discipline de soi-même que cela comporte. Là, il n'a pas réussi et ne peut par sa nature pas réussir. Aussi longtemps que je suis là, je puis faire oublier cela, en étant moi-même le père de famille. Mais dès que j'étais parti cela se faisait sentir et devenait un problème, surtout durant mes deux derniers séjours en Europe. Et le problème ne se posait pas dans toute sa gravité parce que je m'arrangeais, que pour le temps de mon absence, toujours Mlle Emma fût ici à Lambaréné. A Lambaréné, nous sommes une sorte de couvent, et il faut un Père à la Tête de la communauté. Et si je viens à mourir le problème se posera dans toute sa gravité. Et alors P. aurait à faire avec le Comité Directeur de mon hôpital en Alsace et on ne sait, comment cela marcherait . . .

Donc, je ne crois pas que l'avenir de P. serait le mieux assuré s'il pouvait reprendre son service à mon hôpital. Chez vous, où il ne s'agirait que du travail bien fait à l'hôpital et où il aurait sa vie privée pour lui, il serait le mieux.

Et je crois que vous aussi, vous avez intérêt à le garder. Car à la longue vous ne pourrez pas assurer la service de l'hôpital avec des médecins ne restant qu'un ou deux ans. Il vous faut au moins un qui reste et qui connaisse la marche du service et tout ce qu'il comporte à fond et qui ait de l'autorité que donne l'ancienneté. Il faut aussi penser que vous pourriez une fois tomber malade pour quelques semaines, ou que vous vouliez prendre un congé . . . Si vous avez P. vous pouvez lui abandonner l'hôpital pour un temps. Il est travailleur, dévoué, sachant éviter les palabres avec le personnel . . . Nous l'avons tous en estime comme chef de l'hôpital sachant se gagner la sympathie de tout le monde et nous le regrettons tous. Et je pense que chez vous il ait la même personnalité que chez nous.

Et il y a une chose: Il restera chez vous car il ne saurait où aller pour pratiquer comme médecin. En France il le pourrait seulement comme assistant de moi à mon hôpital, d'après une convention entre le Gouverneur Général et moi! Et je lui ai toujours dit de remplir les formalités pour devenir citoyen français et refaire pour la forme les examens de médecine pour devenir quelqu'un pour exercer la médecine partout sur territoire français. Et cela aurait été très facile pour lui avec l'appui que lui aurait prêté le Gouverneur Général que nous avions de 1950 à 1953. Il aurait dû y consacrer son premier congé de repos en Europe. Je l'ai supplié de le faire. Il ne l'a pas fait . . .

Mais chez vous il peut rester. Donc si vous jugez intéressant pour vous de le garder après le 1er août, gardez-le. Moi je ne vois pas comment je pourrais le reprendre, surtout si le divorce qui lui permettrait de se remarier n'est pas prononcé.

Gardez tout cela pour vous. C'est absolument confidentiel—mais je voulais vous en parler dès maintenant, ne sachant pas si dans les semaines à venir je trouverai le temps de vous écrire. Et surtout écrivez-moi, si vraiment vous êtes content du travail fait par P. et du dévouement dont il fait preuve. Je voudrais être tranquillisé de vous l'avoir recommandé collaborateur . . .

De coeur avec mes bonnes pensées pour vous, votre femme, les enfants, Monsieur et Madame Beau . . .

Votre dévoué,
Albert Schweitzer

Docteur Albert Schweitzer
Lambaréné, Gabon
Afrique Équatoriale Française
le 7 mai 1957

M. Larimer Mellon, M.D.
P.O. Box 4
St. Marc, Haïti

Cher frère,

J'ai appris avec grand regret l'incident entre les deux médecins. Hélas, j'en ai eu aussi dans mon hôpital, quand j'avais des médecins de différentes nationalités quand alors l'un jugeait l'autre d'après les différences entre les écoles nationales de médecine qui existaient entre eux. J'ai peine que l'un jugeait l'autre incapable d'après les critères chers à la médecine qui lui avait été enseigné. En ce moment il y a à mon hôpital la médecine anglaise et la médecine enseignée en Israël qui s'affrontent et qui se traitent mutuellement sans ménagement.

Je ne sais si, après cet incident, vous voulez renoncer aux services de P. Je ne sais pas si en le faisant vous auriez raison. Car quoique le jeune américain puisse s'avancer pour poser P. comme incapable en chirurgie, moi d'après mes longues expériences avec lui je le tiens pour un chirurgien remarquable et surtout toujours prudent. Il a fait longtemps dans un hôpital de la capitale de son pays la chirurgie du cerveau et des nerfs, et ceci c'est une école pour le travail méticuleux.

Et je ne sais si vous avez intérêt à renoncer aux services d'un médecin, qui par la situation particulière où il se trouve a intérêt de rester à votre hôpital d'une façon durable. Car vous avez déjà dû faire l'expérience de l'importance qu'il y a que la continuité règne dans le service. C'est une expérience qui a une grande importance. Avec un personnel de médecin qui change tous les deux ans, un hôpital est difficile à tenir en marche. Dans ce cas vous et moi nous nous voyons obligés de lutter pour que les nouveaux consentent à faire comme c'est la tradition. Et quel travail de recommencer tous les ans ou tous les deux ans à initier des nouveaux qui ont leurs propres idées à faire le service tel qu'il doit être fait. Plus vous avancerez dans votre carrière plus vous verrez l'importance d'avoir au moins un médecin qui reste dans les changements qui ont lieu. Réfléchissez bien, parce que P. a de vraies qualités que j'ai pu apprécier, les trouvant rarement dans d'autres médecins que j'ai eu. Pardonnez-moi de traiter ce sujet si longtemps.

Si vous savez si vous voulez garder P. ou non, veuillez me le faire savoir. Il m'a demandé de lui envoyer de ses effets qu'il a encore ici, surtout des livres. Il y en a trois caisses à peu près. Je ne voudrais pas lui faire faire la réponse ou cet envoi (par bateau) sans être certain qu'il se trouvera encore chez vous quand cela arrivera à Haïti.

Ici la vie continue comme d'ordinaire. J'ai 3 braves et bons médecins et je suis à l'hôpital toute la journée pour qu'ils s'habituent à faire le service comme il doit être fait dans l'esprit et la tradition de l'hôpital. Et je ressens la difficulté de cette tâche parce que je ne suis pas secondé par un médecin qui est déjà plus longtemps à l'hôpital et qui puisse m'aider dans cette tâche. Et malheureusement, l'hôpital ne cesse pas de continuer de grandir. J'ai 40 hospitalisés de plus en moyenne qu'il y a un an et demi. Et je ne cesse non plus de vieillir . . . Mes bonnes pensées à vous et votre chère femme et les enfants

Votre dévoué,
Albert Schweitzer

Mes bonnes salutations à Monsieur et Madame Beau. Je crois déjà vous avoir dit combien j'ai été touché d'avoir un bonjour avec la signature de tout le personnel de votre hôpital. Veuillez leur transmettre à nouveau mes salutations. Mais que vous êtes nombreux en comparaison du personnel de mon hôpital! Vous avez même une téléphoniste! C'est gentil qu'on ait mis à côté du nom l'occupation de la personne.

The Savoy Plaza
Fifth Avenue 58th and 59th Streets
New York 22, N.Y.
le 10 juin 1957

Docteur Albert Schweitzer
Lambaréné, Gabon, A.É.F.

Cher grand'frère,

La triste nouvelle de votre chère femme* nous a causé beaucoup de chagrin et d'étonnement car nous ne nous rendions pas compte qu'elle se trouvait dans un état délicat. Que doit-être l'angoisse que vous sentez si loin d'elle et du reste de votre famille en Suisse!

Ici votre famille américaine partage avec vous ce gros fardeau de chagrin. Sachez, cher grand'frère, que nos pensées sont avec vous tous les jours plus que jamais.

Votre dévoué,
Larimer Mellon

* Mme Schweitzer mourut le premier juin 1957 en Suisse.

Docteur Albert Schweitzer
Lambaréné, Gabon
Afrique Équatoriale Française
le 14 juin 1957

Larimer Mellon
Boîte Postale 4
Saint Marc, Haïti

Cher frère,

Merci de la lettre du 12 avril 1957, dans laquelle vous m'expliquez l'affaire P. J'essaie de comprendre. Mais je ne puis au fond qu'être triste que pareille chose se soit produite. C'était un événement tragique pour moi de devoir renoncer à avoir P. à côté de moi dans mon hôpital. Il était pour moi d'un grand secours pour le traitement des malades et l'organisation du service justement aussi parce qu'il avait toujours la sympathie du personnel, des médecins, et des malades. Alors c'était une consolation pour que vous puissiez profiter de la collaboration de ce remarquable médecin. Car je porte lourd à la responsabilité de vous avoir, par mon exemple, sorti de votre vie telle qu'elle était et de vous avoir décidé à la carrière si difficile de conduire et d'entretenir un hôpital du genre du mien. Et dans ma tristesse c'était pour moi comme une consolation que vous auriez à côté de vous mon précieux collaborateur qui m'avait si bien servi pendant six ans et dont je savais apprécier les qualités. Avec tristesse je dois me rendre à l'évidence que vous renoncez à ses services.

Il vous faut un médecin qui reste à côté de vous pendant des années et vous seconde. Autrement vous vous épuiserez et vous aurez à ressentir toutes les difficultés d'un personnel de médecins qui ne vient, qui ne reste que passagèrement. Et une personne de qualité qui reste et apprenne à connaître le service à fond pour aider à le diriger est difficile à trouver. J'en ai fait l'expérience dans le courant de longues années, et je la refais à mon grand chagrin à 82 ans. Et je m'étais réjoui de vous l'éviter en vous envoyant P.

Ma femme a encore beaucoup joui de passer les derniers mois de sa vie à Lambaréné. A la fin elle s'est affaiblie subitement. Le coeur n'a plus fonctionné. Elle a demandé à rentrer en Europe. Mais le mal n'a pu être arrêté. Elle s'est endormie doucement à Zurich. Je vous remercie vous et votre chère femme de la part que vous avez prise à mon deuil. Mes pauvres yeux ne me permettent pas de vous écrire plus.

Votre dévoué,
Albert Schweitzer

10 Gracie Square
New York, N.Y.
le 5 février 1958

Docteur Albert Schweitzer
Lambaréné, Gabon
Afrique Équatoriale Française

Cher grand'frère,

Ce petit mot vous est transmit par un vieil ami à moi et à ma famille, James Francis Drake qui a été associé avec mon père durant des longues années dans les affaires de pétrole. Il part demain de New York en voyage pour l'Afrique avec d'autres amis à lui, parmi lesquels Madame J. F. Byers, aussi en résidence à Pittsburgh, désire énormément vous rendre visite pour mieux comprendre votre oeuvre et votre hôpital.

Par ses bons soins, je vous envoie mes bonnes pensées.

De coeur, vôtre,
Larimer Mellon

Boîte Postale 4
Saint Marc, Haïti
le 8 février 1958

Docteur Albert Schweitzer
Lambaréné, Gabon, A.É.F.

Cher grand'frère,

Il y a quelques mois que je néglige de vous faire un petit rapport sur la marche des choses ici en Haïti. C'était pour ma femme et moi un si grand plaisir de voir Erica il y a deux jours à la veille de notre départ de New York pour retourner ici. Elle nous a régalé d'histoires de vous et de Lambaréné et nous a assuré que vous jouissez d'une bonne et solide santé et que vous étiez content de savoir qu'il y a eu ici une petite fête pour nous rappeler votre anniversaire de naissance. Vous ne pourriez jamais savoir, cher Docteur, combien et avec quels admiration et orgueil nous pensons à vous! Il n' y a pas une journée qui passe que je n'ai pas l'occasion de vous remercier pour vos bons conseils et l'exemple de votre vie. Que Dieu vous soutienne et vous garde parmi nous bien des années!

Durant ma visite aux États-Unis j'ai su que le Dr. Phillips, un dentiste de Chicago, qui vous a rendu visite à deux reprises, je crois, pense avoir trouvé un travail pour Dr. P. comme administrateur d'un nouvel hôpital qui s'ouvre prochainement pour des prisonniers. En principe Dr. P. a accepté mais je ne sais pas encore si son visa lui permettra de gagner de l'argent aux États-Unis. Cependant Dr. Phillips et moi souhaitons que tout finira bien pour Dr. P. L'attitude qu'il a manifesté envers moi et mon hôpital peut très bien être le résultat des soucis, pressions, et l'insécurité qu'il sent depuis qu'il est parti de chez vous. Je veux l'aider de tous mes moyens mais j'ai prié le Dr. Phillips de ne pas le mentionner à Dr. P. car je crains qu'il dirait que je cherche à le repousser d'Haïti.

Vous serez heureux de savoir que l'hôpital ici n'a jamais marché si bien et avec tant d'efficacité et bon esprit de corps qu'à présent. Tout le personnel semble enthousiaste et content de leur lot! En janvier l'hôpital a desservi 2907 malades, ce qui compare avec le chiffre de 2301 malades pour janvier de 1957.

Nous avons ici maintenant les médecins suivants:

Dr. Harold May (Américain)—Chirurgien et interniste

Dr. Gene Szutu (Chinois)—Chirurgien-en-chef

Dr. Tai Kong (Nationalité anglaise)—Médecin interne

Dr. Florence Marshall (Américaine)—Pédiatre-en-chef

Dr. Félix Vontobel (Suisse)—Pédiatre (actuellement en vacances)

Dr. Norma Elles (Américaine)—Opthalmologue

Dr. Samuel Karolitz (Américain)—Pédiatre-en-chef au Jewish Hospital à New York qui est ici avec sa femme pour 2 semaines de «vacances». Cependant ils travaillent tous les jours!

Aujourd'hui nous avons eu le plaisir de connaître Mme Rébecca Weiler qui vous a visité à Lambaréné et qui a vu Mlle Emma durant sa maladie en Alsace. Mme Weiler m'a dit (il n'y a pas deux heures de temps) qu'elle s'intéresse à créer une bourse pour envoyer quelqu'un d'ici aux États-Unis pour faire des études qui bénéficieront à l'hôpital. Nous avons choisi ensemble le cas d'une de nos techniciennes de laboratoire, une jeune fille de nationalité britannique, née au Honduras Britannique (Amérique Centrale) qui est très intelligente et dévouée à son nouveau travail. Mme Weiler lui a proposé quelques mois chez elle en Californie d'où elle assistera à une école technique de laboratoire aussitôt que nous puissions arranger les détails de son entraînement. Sa mère a donné son consentement et en paraît contente aussi. Quelle joie je sens dans mon coeur pour cette jeune personne! Les amis comme Mme Weiler ne sauront jamais ce que ça nous dit d'avoir leur bonne volonté.

En terminant je dois vous signaler que le 13 mars un vieil ami à moi, le Colonel Drake, compte passer vous voir (avec bien d'autre gens réunis par «Cook Wagons-lits» *—une trentaine, j'ai oui dire). Je lui ai donné un petit mot pour vous. Il m'a assuré que Cook et Cie a tout arrangé pour son logement et transport, et cetera. Combien je le souhaite pour votre compte!!! Je ne me fais pas d'illusions, cher Docteur—même sans mon

* Une compagnie de voyage

petit mot pour vous il y serait allé tout de même! D'après mon expérience, les touristes sont indécourageables!

Le fait que Gwen, ma femme, se trouve rétablie après ses deux opérations [du dos] de l'année dernière nous semble un miracle! Elle a repris son travail d'interprète à l'hôpital et compte monter à cheval un de ces jours. Elle aime beaucoup se promener à la campagne à cheval car cela la porte auprès de nos malades et leurs ménages. C'est souvent Gwen qui découvre des cas nécessiteux. Nous vous envoyons notre chaleureux souvenir.

Bien à vous,
Larimer Mellon

Dr. Albert Schweitzer
Lambaréné, Gabon
Afrique Équatoriale Française
le 25 mai 1958

Doctor Larimer Mellon
Boîte Postale 4
Saint Marc, Haïti

Cher frère,

Ta si bonne lettre du 8 février 1958 méritait une réponse plus prompte que celle que vous recevez. Mais ma main ne guérit que lentement, et écrire représente encore toujours un effort et une douleur pour moi. De plus j'ai beaucoup de travail et d'écriture pour mon hôpital. Pendant mon séjour en Europe et durant les longues semaines où je n'ai pu écrire à cause de ma main blessée beaucoup de correspondance s'est amassée. Et encore le travail et la correspondance dans la lutte contre le danger atomique. On m'a de nouveau obligé de prendre la parole à la Radio d'Oslo dans trois discours. L'élaboration de ces discours m'a coûté beaucoup de travail. Et la correspondance à ce sujet est énorme. Mais il y avait une nécessité de rappeler au monde qu'il y a la question du danger atomique surtout pour l'Europe qui ne veut pas devenir le champ de bataille dans une guerre atomique entre les Soviets et l'USA en acceptant les armes atomiques que la NATO veut l'obliger de prendre. Il fallait aussi parler des problèmes de la Conférence au Sommet. On m'a choisi comme orateur et j'ai dû obéir par devoir. C'est incroyable combien l'opinion publique penche à ne pas vouloir s'occuper du problème du danger atomique qui cependant est bien grave et concerne toutes les nations. Mes trois conférences d'Oslo paraissent aux USA, comme aussi en Europe et au Japon, sous le titre «Paix ou guerre atomique».

Revenons à votre lettre avec la si bonne nouvelle que votre femme va tout à fait bien et que l'hôpital fonctionne dans les meilleures conditions. J'avais tant de soucis pour vous et votre activité. Car je porte la grande responsabilité de vous avoir attiré, sans le sachant, dans cette carrière dont je connais toutes les difficultés et les vôtres sont encore plus grandes que les miennes. Merci des détails que vous me donnez sur la marche de votre oeuvre qui est bien plus grande que la mienne, comme je m'en rends compte. Que c'est charmant que Mme Rébecca Weiler s'intéresse à votre oeuvre. Dites-lui bien des choses de ma part si vous la voyez. Alors, Gwen compte remonter à cheval! Quelle nouvelle. Et que le cheval lui permette de visiter les villages . . .

Je vous écris à ma table dans la salle des consultations. Je suis à présent en bas dans l'hôpital toute la journée.

Avec mes bonnes pensées pour vous et Gwen.

Votre dévoué,
Albert Schweitzer

Mes salutations aussi à vos enfants.

Post-scriptum à une lettre d'Erica Anderson

le 12 octobre 1958

Cher frère,

Avec toutes mes bonnes pensées. J'ai été heureux d'avoir de vos nouvelles par Erica et j'ai été intéressé à tout ce qu'elle m'a raconté de vous. Je suis peiné que vous ayez des difficultés pour le recrutement de vos médecins et j'ai presque honte qu'en cette matière j'ai toute liberté et que vous connaissez un souci que je ne connais pas.

Avec mes bonnes salutations pour vous deux. Erica est heureuse de se trouver de nouveau à Lambaréné.

Albert Schweitzer

Larimer Mellon
Boîte Postale 4
Saint Marc, Haïti
le 31 octobre 1958

Docteur Schweitzer
À son hôpital
Lambaréné, Afrique Équatoriale Française

Cher grand'frère,

Votre mot à la fin de la bonne lettre d'Erica nous a beaucoup réjoui le coeur! La situation ici a changé pour le mieux dernièrement. Le Dr.

Hamblin, jeune chirurgien américain, s'est décidé à venir passer 18 mois avec nous et il se trouve ici actuellement installé avec sa femme et ses trois enfants. Votre hôpital haïtien n'a jamais opéré avec plus d'efficience ou de meilleur esprit qu'aujourd'hui! Depuis le premier octobre il marche au dessus de 100% de sa capacité moyenne, qui arrive du fait que nous avons souvent besoin de mettre deux enfants couchés dans le même lit. Hier soir nous avions cent malades internés dans nos deux salles, quoique que le nombre de lits est à 86. Plus de la moitié de nos malades sont des bébés et des enfants de moins de 4 ans. Ils viennent à cause de la malnutrition, les maladies infectieuses, et la malaria (falciparum) qui est très courante à cette époque. En plus, il n'y a jamais moins de 10 nouveau nés atteints du tétanos, dont nous arrivons à en sauver actuellement les trois quarts.

Gwen et moi pensons souvent à vous, cher Docteur Schweitzer, et avec tant d'affection et respect. Ce que vous faites pour vos malades vous le faites pour nous tous. Il n'y a pas de jour qui passe que je ne remercie pas le Seigneur de votre pensée et de votre exemple.

Je suis très inquiet pour votre santé car je me rends compte que vous avez eu un renvers dernièrement—ce qui ne m'étonne pas du tout. Je vous prie, cher frère, de ne pas trop prendre votre santé à la légère! Pour faire plaisir à tous ceux qui vous aiment, parmi lesquels se trouve le Dr. Friedman bien entendu, veuillez permettre le Dr. Hitzig de vous examiner lorsqu'il arrivera chez vous. Une petite prudence bien placée pourrait vous épargner d'autres contrariétés. Il est bon de garder un pied dans le paradis mais je vous prie de laisser l'autre planté fermement sur la terre.

Au mois prochain nous comptons tenir la réunion des directeurs de l'hôpital ici à Deschapelles. Le jour est fixé au 21 novembre, mais malheureusement Emory Ross ne peut pas venir avant janvier. Quand même nous aurons la réunion sans lui, en espérant qu'il pourra nous rendre visite plus tard.

Ces jours-ci. j'appuie fort sur la musique pour changer l'ambiance de l'hôpital et remonter les esprits. Une demi-heure avec mon violoncelle vaut tant que plusieurs heures de sommeil. Je me compte très fortuné d'avoir cet intérêt qui m'enlève, dans l'espace d'une minute, des circonstances malheureuses.

Nous avons décidé de mettre mon fils aîné Billy, que vous connaissez, au nombre des membres du conseil de l'hôpital, car il m'a signalé qu'il désire travailler avec nous. Cela sera effectué à la réunion en novembre.

Ne pensez pas à répondre à cette lettre, cher Docteur. Je vous écris seulement pour vous donner un petit «report» de la marche des choses et de vous faire savoir combien nous pensons à vous.

Votre dévoué,
Larimer Mellon

Boîte Postale 4
Saint Marc, Haïti
le 10 décembre 1958

Docteur Albert Schweitzer
À son hôpital
Lambaréné, Gabon, A.É.F.

Cher grand'frère,

Quelle grande joie les deux belles photographies de vous, signées et datées de votre main, ont fait et continuent de faire à ma femme et moi! Votre pensée à nous nous touche très profondément, cher ami. Je vous envoie notre sincère remerciement.

Dimanche, le 30 novembre, a été un jour terrible pour tout le monde ici à Deschapelles car un cruel accident est arrivé à un de nos plus anciens employés. Ma femme est partie pour New York ce matin-là et je l'ai amenée à Port-au-Prince pour l'expédier en avion. A mon retour ici vers midi et demi, la cuisinière m'a crié de ne pas descendre de la voiture mais d'aller tout de suite à l'hôpital où une explosion venait d'éclater. Arrivé là, j'ai su qu'un jeune homme s'était servi de la gazoline pour nettoyer le parquet devant l'incinérateur où nous brûlons les immondices des salles. Il n'y avait pas de feu dans le four mais il y restait assez de chaleur pour causer une explosion qui a mis le feu à ses vêtements causant des brûlures de 3ème degré sur 95% de son corps. Malheureusement le pauvre garçon a survécu 36 heures! Mardi il a été enterré à Saint Marc dans un beau cercueil fait par ses collègues. Cinq voitures de l'hôpital ont transporté une partie du personnel, dont j'ai conduit l'une d'elles. Quelle dure leçon pour une imprudence! Personne d'autre n'a été brûlé car c'était un dimanche matin et la plupart des travailleurs étaient chez eux.

Notre fille unique, Jenifer, qui a déjeuné avec vous en Suisse, se marie le 27 décembre à New York avec un étudiant en médecine qui est venu en Haïti l'été dernier pour travailler dans le laboratoire. Jenny a fait sa connaissance ici en août et voilà qu'ils se marient ce mois-ci! Gwen et moi sommes très fiers et très heureux d'avoir un autre médecin dans la famille et nous n'aurions pas pu mieux choisir pour elle. Je pense partir le 18 déc. pour les noces qui auront lieu le 27 déc. et nous comptons retourner ici le 29. La seule chose que nous regrettons est d'être loin de notre hôpital et nos malades à Noël, car, comme vous le savez bien, il y a un charme spécial dans l'hôpital à cette saison.

Encore une fois merci, merci des photos et de votre pensée et amitiés.

De coeur, vôtre
Larimer Mellon

P.S. La semaine passée le Dr. Catchpool et Mlle Olga Deterding se sont arrêtés ici pour une journée de visite, qui m'a fait beaucoup de plaisir. Il m'a promis de retourner encore avant de rentrer chez vous pour passer quelques jours afin de connaître le travail de plus près. J'espère qu'il vous donnera un bon «report» de l'hôpital qui est fier du nom qu'il porte. L. M.

Nos pensées à Noël seront avec vous et tous les vôtres.

Je suis en communication avec le Dr. Dorien Venn de Johannesburg au sujet d'un poste ici en chirurgie et urologie. Il me fait savoir qu'il serait inté-ressé de passer un ou deux ans à Deschapelles si une place lui est offerte.

Caisse Postale No. 4
Saint Marc, Haïti
le 8 février 1959

Docteur Albert Schweitzer
Lambaréné, Gabon, A.É.F.

Cher grand'frère et ami,

Ces quelques lignes vous feront savoir que nous pensons souvent à vous, en témoignage de quoi je vous clos une copie de la «Résolution» adoptée à la réunion des directeurs de notre conseil. Il n'est guère besoin de vous expliquer que le «grand service» que vous nous avez rendu et que vous continuez à rendre toujours, est celui de votre exemple et de l'encouragement que nous sentons diffuser jusqu'ici.

Erica est en Haïti en ce moment pour photographier la dédication d'un nouveau sanatorium psychiatrique à Port-au-Prince. Elle doit venir aujourd'hui avec des amis dîner avec nous et compte rester trois ou quatre jours. Nous l'attendons avec impatience!

Merci toujours pour le grand service que vous rendez aux hommes dans le monde entier et surtout dans ce petit coin qui porte bien fièrement votre nom.

De tout coeur,
Larimer Mellon

Résolution Certifiée*

Je soussigné, secrétaire de la Fondation Grant, certifie ci-dessous que les Directeurs de la Fondation Grant ont adopté les résolutions suivantes en date du 21 novembre, 1958:

* Cette résolution n'existait qu'en anglais.

«ONT RÉSOLU que le conseil d'Administration de la Fondation
Grant désire reconnaître avec la plus profonde gratitude les services
remarquables rendus à l'Hôpital Albert Schweitzer par:

Le Docteur Albert Schweitzer

«ONT ÉGALEMENT RÉSOLU que le Secrétaire de la Fondation
Grant est chargé de communiquer cette résolution à la personne citée
ci-dessus».

EN TÉMOIGNAGE DE QUOI, j'ai signé ce document en date du 29
janvier, 1959.

A. A. Vestal
Secrétaire

Boîte Postale 4
Saint Marc, Haïti
le 26 mars 1959

Docteur Albert Schweitzer
Lambaréné, Gabon
Afrique Équatoriale Française

Cher grand'frère et ami,
    Un groupe d'habitants de nos parages ici à Deschapelles veulent unir
leurs efforts pour construire une chapelle qui servirait aux gens de ce
village et aux employés et malades de l'hôpital. Puisque le pays est officiel-
lement catholique par sa constitution, il serait de tous les points de vue, à
mon avis, désirable que le bâtiment serve à tous les cultes protestants tant
qu'aux éléments catholiques.
    La plupart des personnes avec qui j'ai discuté cette affaire sont de
l'opinion que l'Église Catholique en Haïti ne consentirait jamais à envisager des services religieux dans le même temple où les protestants
tiennent leurs dévotions. Mais en parlant avec notre ami Emory Ross,
qui vient de passer une semaine avec nous ce mois-ci, il a formulé l'idée
suivante:
    Puisque l'Alsace depuis longtemps se sert de beaucoup d'églises à
double-service, on se demande si, à votre opinion, un exposé de notre
problème et des origines de notre hôpital basé sur la philosophie humanitaire qui a ses racines en Alsace, auprès de la maison-mère qui dessert la
plus grande et la plus ancienne société catholique existant en Haïti ne
pourrait pas gagner le résultat voulu, soit de recevoir le consentement,
sinon l'enthousiasme, pour une collaboration «Oecuménique» compri-
mant tous les éléments chrétiens qui voudraient s'en servir.

A cette fin ma femme et moi avons rendu visite avant hier à Son Excellence Monseigneur Paul Robert, Évêque des Gonaïves. Nous ne lui avons pas parlé du projet de la chapelle du tout, mais durant l'échange de civilités j'ai pu constater que sa maison-mère est située au Finistère [La Bretagne, France] dans le village de Lampaul-Guimilian, près de Landivisiau, entre Morlaix et Brest, et qu'elle s'appelle «Séminaire Saint-Jacques». Son supérieur actuel est le Père Leroux.

Lorsqu'une petite église pan-chrétienne aurait une si grande importance pour le développement et l'avenir de notre hôpital, j'ose vous demander, cher grand'frère, si à votre prochaine visite en France vous ne consentiriez pas de voir avec Père Leroux ou un autre membre de la société s'il ne donnerait pas son accord et bénédiction à mon propos. J'ai vraiment honte de vous proposer ce grand service mais je suis persuadé que la réussite de nos plans serait assurée par votre intervention. Si toujours pour une raison ou une autre vous n'y voyez pas bon de faire, soyez certain que je comprendrais et que j'accepterais votre décision.

Ici, tout marche bon train. Nous venons de recevoir à l'hôpital le Docteur Dorien Venn qui m'a fait savoir hier qu'il compte rester ici avec nous au moins dix-huit mois. Sa femme doit venir le rejoindre au mois de juin. Nous l'aimons beaucoup. Il fait un travail splendide! J'ai pu savoir dernièrement que le Docteur Catchpool compte repartir pour Lambaréné prochainement. J'en suis si content de cette bonne nouvelle.

Billy, mon fils aîné qui est avec nous à présent, et Gwen et moi vous envoyons notre meilleur et plus chaleureux souvenir et nos prières pour votre santé. La chose la plus importante qui touche à cette oeuvre en Haïti est votre esprit!

Toujours de coeur, vôtre,
Larimer Mellon

J'ai grande envie de vous revoir et de vous causer de mille phases du travail, mais quand?? Les jours sont si pleins et s'envolent!

Docteur Albert Schweitzer
Lambaréné, Gabon
Afrique Équatoriale Française
le 12 avril 1959

M. le Docteur L. Mellon
Boîte Postale 4
Saint Marc, Haïti

Cher frère,

Abandonne tout espoir que la chapelle pourrait servir aux cultes Protestant et Catholique. Dans les traits de Rome avec les États de l'Amérique

Centrale et des États de l'Amérique du Sud il est stipulé qu'on s'oppose de toute façon à ce que le Protestantisme puisse prendre pied sur le territoire de ces états. C'était la politique de Pie XII et rien ne permet de supposer que son successeur ait une autre façon de penser. Rien ne servirait que je me mette en rapport avec le Père Leroux. Il serait très aimable avec moi et dirait que ce serait très souhaitable. Mais il ne ferait rien pour le rendre possible. Et de plus, si tu recherchais à réaliser le projet de chapelle commune au catholicisme et au protestantisme, tu risquerais que ta position et celle de ton hôpital seraient compromises par une agitation suscitée dans le pays par le parti ultra-catholique. Voici la vérité. Tu ne peux aller contre elle. C'est regrettable. Dans certains pays de l'Amérique du Sud les protestants sont persécutés avec le consentement des gouvernements. Il y a encore beaucoup à faire pour changer la mentalité des hommes. Mais ne désespérons pas. Si l'esprit du bien commence à prendre de la force il renversera les idées qui dominent encore la mentalité sous-développée.

A la hâte, avec mes bonnes pensées pour toi et les tiens.

Ton dévoué,
Albert Schweitzer

Luzerne
le 17 octobre 1959

Dr. Albert Schweitzer
Günsbach, Haut Rhin

Cher Docteur Schweitzer,

Hier nous sommes sortis de chez vous heureux et rafraîchis de la bonne visite que nous avons eu avec vous et votre famille. Le mot merci est trop petit et trop court pour exprimer tout ce que nous sentons au coeur. De vous savoir sain et sauf (quoique fatigué) et de vous voir entouré de loyales collaboratrices m'a fait beaucoup de bien.

Combien j'ai joui de faire la connaissance de Rhena et Christiane et de votre frère! Tout le monde chez vous est si aimable et s'est montré si soigneux de nous faire les bienvenus! Nous sommes contents que Sophie soit avec vous maintenant. Elle s'est donnée beaucoup de peine pour nous entretenir et nous servir son bon thé chaud.

Je crois avoir appris auprès de vous des choses utiles à hausser l'esprit de nous autres qui travaillons à l'hôpital en Haïti. Bien à vous, cher Docteur.

De coeur,
Larimer Mellon

Boîte Postale 4
Saint Marc, Haïti
le 14 janvier 1960

Docteur Albert Schweitzer
Lambaréné, Gabon
Afrique Équatoriale Française

Cher grand'frère,

Ici tout le monde, et très particulièrement Gwen et moi, pensons à vous aujourd'hui et tous les jours. Nos pensées sont aussi avec les braves gens qui vous entourent et qui vous aiment.

Vos pensées doivent être avec les Binders* au Pérou—telles que les nôtres—sachant qu'ils comptent ouvrir leur bel hôpital pour couronner votre anniversaire en inaugurant leur service d'amour personnel. Nous respirons ensemble l'air d'un jour que le monde n'oubliera pas—surtout au Pérou!

Nous étions tous si contents de la visite du Docteur Binder au mois passé. Il est resté avec nous presque une semaine et s'est intéressé à tout et à tout le monde à l'hôpital. Un soir il nous a fait voir des photos en couleur de son pays et des indigènes que son hôpital va desservir. Il semble, d'après une lettre de sa femme, qu'elle va mieux en ce moment et qu'elle est retournée de l'Europe améliorée de santé.

Ici tout continue bon train. Lundi passé la clinique a reçu 384 malades —un record nouveau pour nous.

Je vous envoie quelques photographies d'une réunion de notre personnel à Noël quand nous avons échangé des cadeaux et chanté quelques cantiques ensemble. Je leur ai parlé du respect de la vie en leur rappelant quelques idées que vous avez exprimées sur le traitement des animaux.

Nous sommes si contents de savoir que prochainement Rhena compte vous rejoindre. Veuillez lui communiquer nos chaleureux souhaits.

Mlle Silver sera intéressée de savoir que j'ai planté les noyaux de cerises de cayenne qu'elle m'a envoyés. J'attends leur poussée avec impatience. Connaissez-vous cette phrase imputée à Sir Francis Drake? «There must be a beginning of every matter but the continuing unto the end yields the true glory».†

Heureux anniversaire, cher grand'frère!

A vous de coeur,
Larimer Mellon

---

* Le Docteur Théodore Binder établit son propre Hôpital Albert Schweitzer à Pucallpa, Pérou, en 1960.

† Traduction approximative: «Il faut un début à toute chose, mais c'est en persévérant jusqu'au bout que l'on trouve la gloire véritable.»

Boîte Postale 4
Saint Marc, Haïti
le 24 décembre 1960

Docteur Albert Schweitzer
À son hôpital
Lambaréné, Gabon

Cher ami et grand'frère,

Nous pensons très souvent à vous et à Rhena et aux autres collaborateurs que nous connaissons et aimons. Surtout que Noël est arrivé
presque vous occupez une place importante dans nos pensées.

Le travail de l'hôpital ici continue actif et satisfaisant. Nous jouissons
d'un personnel dévoué et co-opérateur ce qui rend nos jours non seulement plus efficaces mais plus agréables en même temps!

En jetant un arrière-regard sur l'année 1960 les accomplissements principaux, me semble-t-il, sont probablement l'addition d'un médecin vétérinaire résident et la construction d'un bâtiment contenant des salles de
classes où on enseigne à lire et à écrire aux illettrés, à coudre et à préparer
la nourriture aux filles paysannes, un peu de charpente aux garçons, et la
musique à tout le monde qui désire apprendre le solfège ou à jouer d'un
instrument. Ce dernier est très populaire et très apprécié!

Grâce aux amis en Amérique nous avons sur place cinq pianos, deux
harmoniums à clavier, plus cinquante-trois instruments divers (la plupart
des instruments à pistons) que l'hôpital prête aux employés, aux malades,
et à toute personne responsable qui les demande.

Enfin, cher Docteur Schweitzer, Gwen se joint à moi pour vous envoyer nos chaleureux souhaits pour la force de pouvoir continuer dans la
belle oeuvre qu'est votre vie.

Votre dévoué,
Larimer Mellon

Hôpital du Docteur
Albert Schweitzer
Lambaréné, Gabon
le 22 mars 1961

M. et Madame Larimer Mellon
Saint Marc, Haïti

Chers amis,

Merci des nouvelles que vous nous donnez de chez vous. Je suis
heureux de savoir que vous allez bien et que votre hôpital prospère. Peu à

peu il prend de l'âge. Combien je suis heureux de savoir que vous avez créé cette oeuvre qui renfermait de graves problèmes. Combien ai-je été inquiet pour votre réussite.

Chez nous aussi cela marche bien. J'ai de bons médecins. Il règne un bon esprit. Mais il m'arrive depuis quelques mois, que ma pauvre main affligée de la crampe des écrivains me fait de plus en plus mal, et que d'écrire devient pour moi presqu'une impossibilité. Je dois écrire très lentement; je manie la plume maladroitement, et d'écrire devient pour moi une souffrance.

Mais j'ai assez écrit durant ma vie. Ma main s'est bien comportée quand il le fallait. À présent je dois lui concéder de se reposer. Quelle chance qu'elle m'ait servi si longuement quand elle était déjà souffrante . . .

De coeur, votre dévoué,
Albert Schweitzer

Boîte Postale 4
Saint Marc, Haïti
le 19 juillet 1961

Docteur Albert Schweitzer
À son hôpital
Lambaréné, Gabon

Cher ami,

Vous pouvez facilement vous imaginer la joie que j'ai éprouvée en recevant la lettre adjointe de la part de M. Nabut. Je me suis pressé de lui répondre ce matin en lui indiquant la consommation de bandages emplâtrés pour les douze mois passés soit:

18 douzaines—2 pouces de large
59   "   —4 pouces "   "
51   "   —6 pouces "   "

Je vous fais part de ces chiffres pour vous donner une idée de l'envergure du programme orthopédique ici en Haïti. En plus, nous avons eu en mai 4444 visites à notre clinique externe et en juin, 4585 visites. Je ne saurais vous dire exactement combien de malades sont représentés par ces visites, mais je sais qu'en juin l'hôpital a reçu 871 personnes en leur première visite. Je vous envoie aussi une copie du «report» sur la clinique externe et les admissions, opérations, etc. pratiquées à l'hôpital.

Nous sommes si heureux de savoir par Mme Martin qu'elle compte vous visiter à Lambaréné prochainement avec deux de vos petites filles! Quelle joie sera la vôtre!

Merci, cher Docteur Schweitzer, pour votre concours en ce qui concerne les bandages et les antiseptiques chez L. Nabut. Vous êtes bien bon d'avoir pensé à nous autres.

Avec mon meilleur souvenir toujours, et mes prières pour votre santé, et l'acceptation de vos idées sur la terre.

Votre disciple dévoué,
Larimer Mellon

P.S. Veuillez remercier Mme Martin de son gentil mot ajouté sur la lettre de Mme Oberman. Nous étions si heureux de l'avoir parmi nous durant quelques jours en février. L. M.

Post-scriptum à une lettre de Mathilde Kottmann

le 6 janvier 1962

Chers amis,

Je profite de l'occasion de cette lettre égarée pour vous faire mes bons voeux pour 1962. Je pense bien souvent à vous et à l'oeuvre qui est la vôtre. J'ai des nouvelles d'elle de temps en temps quand Mme Erica Anderson a été à Haïti. Elle m'apprend que votre oeuvre prospère. Elle me donne des détails de votre activité. Chez nous tout va bien. J'ai de très bons médecins, au nombre de quatre, dont deux, des Suisses, sont tout à fait remarquables comme médecins et comme personnalités. Je suis toujours encore obligé de construire de nouveaux bâtiments. Le nombre de malades va toujours en grandissant. Je suis aussi obligé de moderniser mon hôpital. Nous avons un grand camion Mercédès et une jeep. On a fait des routes pour que les voitures puissent circuler à l'hôpital. C'est une complication et une simplification à la fois. Je subis cet état de choses. L'essentiel est pour moi que l'esprit de l'hôpital reste simple. Notre petite république est en assez bon état et je suis en bons rapports avec ses autorités. C'est grâce à mon âge. Je suis pour eux un patriarche. La Mercédès, il nous la faut pour chercher les vivres pour mon hôpital dans les villages sur les grandes routes. Avec mes bonnes pensées.

Votre dévoué,
Albert Schweitzer

Dr. Albert Schweitzer
Lambaréné
République Gabonaise
le 14 septembre 1962

Monsieur Dieutelle Toussaint
Président de la Ligue de Football, Liancourt
Liancourt, Haïti

Cher monsieur,

Le Docteur Albert Schweitzer vient de recevoir votre lettre, qui relate si bien et si vivante tous les bienfaits que le Docteur et Mrs. Mellon font profiter la population de votre contrée. C'est magnifique!

Que le Docteur et Mrs. Mellon ne vous ont pas seulement aidé à vivre mieux, mais ont cherché aussi à vous donner la possibilité d'améliorer la situation générale de Liancourt est un don immense. Et je pense que la population sait estimer ce que représente pour elle la protection du Docteur et Mrs. Mellon.

Vous sollicitez l'aide du Docteur Schweitzer pour la création d'un parc de loisirs. Hélas, le Docteur Schweitzer ne peut faire fonctionner son hôpital que par l'aide des amis bienveillants. Leurs dons représentent nos moyens financiers pour permettre l'immense travail de Lambaréné de rester vivant! Et c'est pour cette raison que le Docteur Schweitzer ne pourra participer à la création du parc, duquel vous vous promettez beaucoup.

Le Docteur et Mrs. Mellon comprendront certainement. Ils savent le grand effort du Docteur Schweitzer de chaque jour. Sans pouvoir se permettre une fois un jour de repos.

Il est souvent en pensées avec le Dr. et Mrs. Mellon en admiration pour leur désintéressement et grand dévouement.

Le Docteur Schweitzer vous remercie pour les photos jointes à la lettre qui lui ont fait plaisir.

Il me prie de vous adresser nos meilleurs voeux et pensées.

Mathilde Kottman, infirmière

Chers messieurs,

J'ai été très heureux de votre si aimable et si intéressante lettre. J'admire mon cher ami Larimer Mellon de la grande oeuvre qu'il a faite dans votre contrée. J'apprécie surtout que vous vous rendez compte de tout ce qu'il a fait pour vous et l'esprit qu'il vous a communiqué, l'esprit dont je me rends compte par votre lettre.

Hélas, moi aussi, je voudrais donner à votre équipe un don. Je ne suis pas sourd à votre appel, mais je n'ai pas les moyens de vous rendre le service que vous me demandez. Chères ressources.

Albert Schweitzer

Post-scriptum à une lettre de Rhena Schweitzer

le 9 novembre 1962

Cher ami,

Je suis heureux d'avoir de si bonnes nouvelles sur toi, ta famille et sur ton hôpital devenu si grand. J'admire ton activité. Combien aimerais-je venir chez toi pour voir ton oeuvre. Mais à mon âge il ne faut plus faire de grands voyages. Je rentre en Europe seulement tous les 3 ou 4 ans et seulement pour quelques semaines. Ma joie est de vivre dans mon hôpital et de m'occuper de sa marche. Je tiens aussi encore la plume et j'écris sur des sujets. Mon [but] est de lutter contre les armes atomiques qui sont un si grand danger pour l'humanité.

Avec mes bonnes pensées pour toi et ta femme.

Votre dévoué,
Albert Schweitzer

Dr. Albert Schweitzer
Lambaréné, Gabon
Afrique Équatoriale Occidentale
le 11 décembre, 1962

Le Docteur Larimer Mellon
Boîte Postale 4
Saint Marc, Haïti

Cher ami,

Je suis heureux d'apprendre que ta chère femme va mieux. Tu sais que tout ce qui te regarde m'intéresse. Je n'ai plus de soucis pour ta grande entreprise. Tu as créé une oeuvre admirable. Si un jour tu pouvais m'envoyer quelques photographies qui me donneraient quelques notions de ton hôpital, tu me ferais grand plaisir.

De moi, pas grand chose à raconter. Mon hôpital marche bien mais devient toujours plus grand malheureusement. Cela m'oblige de construire chaque année deux ou trois nouveaux bâtiments. Toujours je me trouve dans la nécessité de diriger moi-même les travaux de construction.

Mon hôpital a six médecins et douze infirmières européennes. Le travail est fait consciencieusement et dans une bonne atmosphère. Deux de mes médecins suisses sont de remarquables chirurgiens. J'ai toujours encore en main la direction de la marche de l'hôpital. Je me porte bien et je travaille sans effort.

Mais ma vie est très compliquée par mon grand courrier. Ma correspondance devient de plus en plus grande. J'écris des lettres jour par jour jusqu'à minuit et le dimanche du matin à minuit et je n'arrive à répondre qu'à une partie des lettres. Cela est déprimant. Des centaines de lettres sont écrites par Mlle Mathilde ou Mlle Ali et bien des lettres restent sans réponse.

Je continue à prendre part, avec mes amis Lord Russell, [Linus] Pauling et d'autres, à la lutte contre les armes atomiques. Car le monde se trouve dans un grand danger à présent, parce que les gouvernements, au lieu de délaisser les armes atomiques en construisent de plus en plus. Le danger d'une guerre atomique est de plus en plus grand et aucun des chefs d'état (Krouschtshev excepté) ne s'en rend compte . . .

Avec mes bonnes pensées pour toi et les tiens.

Ton dévoué,
Albert Schweitzer

Boîte Postale 4
Saint Marc, Haïti
le 18 décembre 1962

Docteur Albert Schweitzer
À son hôpital
Lambaréné, République Gabonaise,

Cher grand'frère,

Je viens de recevoir ce matin ta si bonne lettre datée du 11 décembre. Tu ne peux pas t'imaginer le plaisir qu'elle nous a apporté. Je viens de la lire à Gwen (qui va bien mieux ces derniers jours, grâce à Dieu) et à Miss Peterson, notre infirmière-en-chef, aussi à Dr. May, le chirurgien principal et à Dr. Hollister qui s'occupe de la médecine interne. Ils sont tous des collaborateurs précieux et très dévoués. Ici nous suivons la marche des choses chez toi d'aussi près que possible mais nous nous sentons toujours soif pour des nouvelles! Merci du fond du coeur pour toute la peine que tu t'es donnée pour nous tenir au courant des actualités de là-bas— contructions et additions à Sans-Souci, etc. Moi aussi, je passe bien des heures chaque en jour dehors de l'hôpital à fouiller des canaux pour des tuyaux qui conduisent de l'eau potable des sources dans les montagnes au marché des villages. Jusqu'à présent nous avons pu en construire huit petits systèmes hydrauliques et j'en ai trois qui restent à construire, toujours avec le concours volontaire des habitants. Ils prêtent non seulement leurs bras mais ils font une cotisation dans le voisinage et cela nous permet d'avoir de l'argent pour acheter le tuyau—bien entendu il n'est jamais suffisant pour tout payer, mais des fois cela diminue mes frais de 10 à 20 pour cent.

A part les tuyaux, je les aide à avoir des potagers, des maisons (chaumières) plus solides en terre pisée, des foyers élevés du niveau de la terre (1 mètre de haut) et des latrines—qui manquaient presque à 100% à notre arrivée en Haïti. Nous conduisons des classes pour adultes en alphabétisation, couture, tissage, céramique et ébénisterie, et cette année pour la première fois nous avons ouvert une école primaire pour les enfants de ce voisinage, dont nous enseignons une soixante–dixaine de l'âge de 5 et 6 ans. La directrice est suisse, aidée par deux institutrices haïtiennes.

Je tâcherai de te faire quelques photos de l'hôpital et des malades ainsi que deux ou trois «centres sociaux» que je dirige aux villages avoisinants. Comme à Lambaréné, le travail s'augmente malgré mes efforts pour limiter son envergure!

Ici notre problème primordial est celui de la tuberculose. Depuis notre arrivée en Haïti il semble que toutes les autres maladies ont cédé aux efforts vers la santé publique en quelque sorte, mais chaque année l'incidence de tuberculose remonte. En ce moment nous recevons 495 adultes et plus que la moitié de ce chiffre d'enfants et bébés souffrants de la tuberculose pulmonaire. Depuis deux ans il est vrai que nous traitons presque le même nombre de tuberculeux mais aujourd'hui ils sont plus gravement malades, ce qui nous amène à conclure qu'une résistance aux médicaments s'est développée trop souvent et que le traitement à demeure est trop dangereux pour les autres membres de la famille. Dernièrement des nouveaux cas sont venus de ces foyers. Nous pensons maintenant que la solution est de construire un sanatorium de cent lits, ou au moins de nous arranger pour pouvoir coucher une centaine de ces cas «ouverts» durant quelques mois avant de leur permettre de retourner chez eux. Pour la première fois j'ai guetté de l'argent mais je n'ai pas encore l'assurance que les fonds vont paraître.

Ma pauvre femme est malade depuis le 27 sept. d'une infection rénale qui, semble-t-il, a produit une phlébothrombose. En quatre fois elle a subi des crises d'embolies aux poumons, mais depuis qu'on a commencé à lui pratiquer un traitement d'anticoagulation avec un médicament à base de dicoumérol, elle n'a plus eu cette difficulté. En ce moment elle a repris son appétit et elle commence à regagner du poids (dont elle en avait perdu 20 lbs). Elle te salue aussi bien que tous les amis ici à l'hôpital-soeur. Tu restes pour nous l'exemple vivant de ce qu'une personne est capable de représenter à ceux qui l'entourent. Fort souvent nous manquons de force morale pour accomplir des devoirs que nous reconnaissons comme tels mais une réflexion à Lambaréné nous ranime et nous ramène sur le chemin de l'humanisme. Pour toi et pour tous ceux qui te sont chers j'envoie mes bonnes pensées et chaleureuses salutations.

> Ton frère qui t'admire,
> Larimer Mellon

P.S. Veuillez dire à Mlle Silver ma reconnaissance de sa gentille lettre à laquelle je compte répondre en quelques jours.

> P.O. Box 4
> Saint Marc, Haïti
> W.I.
> le 14 janvier 1964

Docteur Albert Schweitzer
À son hôpital
Lambaréné, Gabon

Très cher grand'frère,

Combien nous pensons à vous aujourd'hui et tous les jours! Ici en Haïti les membres de l'hôpital qui porte votre nom jouissent de fêter votre anniversaire. Nous vous envoyons nos meilleurs voeux et nos affectueuses salutations. Nos pensées sont aussi avec Rhena et Jean Eckert qui doivent être à New York auprès de nos bons amis les Ross et Erica.

Le travail que fait l'hôpital ici semble satisfaisant dans le sens que chaque année on arrive à examiner et à traiter un nombre croissant de malades. Quoique le coût du traitement par malade descende, nos frais annuels se remontent épouvantablement. Mais en même temps, les dons reçus de nos amis éparpillés dans le monde sont de plus en plus considérables, ce qui nous encourage quelque peu.

Du côté personnel de la vie de ma femme et moi, nous nous portons merveilleusement bien. Gwen commence sa journée à la réception de l'hôpital où elle inscrit les malades de six heures à neuf heures, quand la clinique de pédiatrie commence à marcher. A partir de neuf heures, elle agit en interprète pour les pédiatres et dirige les malades au laboratoire, rayon x, et ailleurs. En plus, elle passe pas mal de temps à expliquer aux mères la façon de donner les médicaments à leurs enfants. Le plus souvent les cliniques finissent vers 5 heures de l'après-midi.

Il y a un nombre croissant de tuberculeux qui nous occupe deux jours par semaine. Actuellement il y a en traitement plus de mille cas de tuberculose pulmonaire.

Moi, je passe fort peu de temps avec les malades ces jours-ci. Le matin, je fais une ou deux heures de bureau après quoi je vais aux ateliers de tissage, d'ébénisterie, de céramique et de couture où je travaille avec les élèves. A part de ceci, il y a maintenant une école primaire, un «village» (3 maisons) pour des tuberculeux, un asile pour les vieillards, et un orphelinat pas loin d'ici et qui, en quelque sorte, dépendent de l'hôpital. Le but de mes activités en dehors de l'hôpital est d'aider, dans le mesure de mon possible, les gens à élever le niveau de leur condition économique. Jusqu'à présent, les seules choses qui ont présenté un aspect un peu encourageant sont l'élevage et l'engraissage des porcs et le tissage de tapis et de toile en utilisant le coton «sauvage» du pays.

J'ai constaté qu'il y a au moins cent familles ici qui se maintiennent en nettoyant le coton (en égrainant les gousses à la main), en filant et en tissant. Quoiqu'un faible commencement à la suite de 8 ans de travail, ça constitue notre triomphe le plus encourageant.

Combien de fois je me demande si nos efforts suivent vos principes d'éthique et d'humanisme. Le bon Dieu sait combien nous autres ici réussissons et combien nous manquons de remplir le rôle que nous avons assumé! Pourtant vous pouvez être assuré que nous tenons toujours à votre exemple et à vos idées selon les lumières dont nous disposons.

Recevez nos profonds remerciements pour tout ce que vous représentez pour Gwen et moi et pour le monde entier.

Votre dévoué,
Larimer Mellon

Nos bons collaborateurs, Emmy Fülleman et Dévika Frankenbach vous envoient leurs bons souvenirs et leurs bons souhaits. L. M.

Dr. Albert Schweitzer
Lambaréné,
République Gabonaise, Afrique
le 26 janvier 1964

Monsieur le Dr. Larimer Mellon
Boîte Postale 4
Saint Marc, Haïti, W.I.

Cher ami,

Je te remercie de ta longue lettre sur ton hôpital. Je l'ai lue et relue. Les détails que tu me donnes m'intéressent beaucoup et me réconfortent. Je suis aussi très tranquillisé d'apprendre que les dons destinés à ton hôpital deviennent de plus en plus considérables. C'est tranquillisant.

Les nouvelles que tu me donnes de ta femme et de toi sont bonnes. Que c'est beau qu'elle partage si considérablement ton travail. Et tu as une grande poussée de tuberculose! J'aime que tu me donnes un plan de ta journée. Et tu t'occupes aussi d'élever le niveau de la population, tu les encourages à travailler. Ton activité est donc plus grande que la mienne, qui n'est que médicale. Toi, tu es un réformateur qui voit grand et qui a du succès. Quand je lis les journaux, je cherche à comprendre si les événements sont favorables à ta grande oeuvre. Il me semble que tu as de la chance d'être en dehors des événements.

Nous aussi nous pouvons nous estimer heureux. Nous sommes à présent 6 médecins et 15 infirmières européennes. L'hôpital devient toujours plus grand. Nous sommes toujours à nouveau obligés d'ajouter des nouveaux bâtiments à ceux qui déjà existent. C'est moi qui dirige les travaux. Je dois m'estimer privilégié de pouvoir encore bien travailler à mon âge. La dernière fois que j'étais en Europe c'était en 1959. Le travail à faire ici ne me permet pas de voyager. Il se peut donc que je ne revoie plus mon village. Ce qui est un grand réconfort pour moi, c'est que mon éthique du respect de la vie fasse un chemin dans le monde. Jamais je n'osais espérer que ma philosophie serait reconnue. Veuille excuser ma mauvaise écriture. Je souffre de plus en plus de la crampe des écrivains, un héritage de ma mère. J'envoie mes bonnes salutations à Emmy et Dévika. Je suis heureux qu'elles travaillent à ton hôpital.

Je salue de coeur toi et ton admirable femme.

Albert Schweitzer

Je t'envoie un petit livre en anglais, où des penseurs de l'Inde approuvent ma philosophie comme ayant le même esprit que la leur.

P.O. Box 4
Saint Marc, Haïti
W.I.
le 3 février 1964

Dr. Albert Schweitzer
Lambaréné, Le Gabon

Cher grand'ami,

Votre lettre du 26 janvier est arrivée ce matin, et nous a apporté beaucoup de joie! Dévika et Emmy sont si contentes de votre gentil message aussi.

Combien je regrette que votre main souffre des crampes en écrivant, surtout quand je me rends compte des nombreuses lettres que vous êtes obligé d'écrire. Mais je n'apercevais pas que votre écriture ait changé du tout. Vous n'avez certainement pas de quoi vous excusez là-dessus!

Nous nous réjouissons avec vous, que Lambaréné ait actuellement six médecins et quinze infirmières qui fournissent du bon travail. Il est encourageant d'entendre que vous n'avez pas de grands problèmes du point de vue personnel.

J'attends avec impatience le livre que vous m'annoncez. Je lis tout ce que je trouve sur et par M. Gandhi qui, à part de vous même, a influencé ma vie plus que tout autre. Vous me demandez un plan de ma journée ici. Je voudrais bien mais les jours ne sont presque jamais semblables, et il est rare que la journée s'achève sur le plan que j'avais projeté!

En *général,* ma femme et moi nous levons tôt—avant le soleil—après le déjeuner, elle se rend à l'hôpital pour s'occuper des inscriptions de ceux qui attendent la clinique. Moi, je m'occupe de la correspondance urgente avant que le bureau s'ouvre à 7 heures. Je passe quelques moments avec l'infirmière-en-chef, Miss Peterson, et ensuite avec mon chef de bureau, Mr. Gérard de Vastey avant de visiter les salles avec les médecins de service. Bien des fois je quitte ma maison en voiture pour visiter un malade qui ne peut pas se déplacer facilement ou qui a besoin de soins à demeure. Très souvent encore on me fait savoir que M. ou Mme tel est gravement malade mais ne vient pas à l'hôpital. Ils trouvent maintes raisons pour ne pas garder leurs rendez-vous, mais le plus souvent ils disent que c'est faute d'argent qui les empêche de venir—et en effet c'est vrai bien des fois. A part des malades, il y a l'école, la ferme où nous élevons du bétail, le poulailler, la laiterie, un orphelinat, un asile de vieillards, plus la clinique vétérinaire et les ateliers de tissage, céramique, et ébénisterie. Quoique la plupart se trouve près de Deschapelles quelques uns sont éloignés de 10 à 20 kilomètres.

Ayant lu une histoire du service personnel que Goethe a rendu à un ami demeurant aux montagnes Harz, je fais de mon mieux pour ne pas laisser un jour passer sans avoir accompli un petit «Harzreise» * pour un voisin, un ami, ou un étranger. Ici la chance ne manque jamais de trouver un sujet! En toute franchise, je dois faire attention que ces promenades ne m'amènent pas trop loin de l'hôpital et qu'elles n'occupent pas des heures qui seraient mieux passées à des tâches moins attirantes.

Les dimanches il y a deux services le matin. Un à la chapelle catholique où le Père Saget dit la messe à 7h 30 et l'autre à l'école où les protestants se réunissent à 9 heures. Je compte vous envoyer un petit article, en anglais malheureusement, qui touche à cette question d'unité spirituelle ici chez nous. Je crois qu'il vous fera plaisir de lire ce qu'une de nos religieuses a écrit sur ce sujet.

Je n'ai pas le droit de vous fatiguer plus longtemps, cher Docteur Schweitzer. Sachez seulement combien nous pensons à vous et combien nous vous admirons et aimons.

De tout coeur,
Votre Larimer Mellon

---

* Renvoi à l'oeuvre de Goethe, qui veut dire ici: une petite excursion agréable pour rendre service à quelqu'un.

Dr. Albert Schweitzer
Lambaréné
République Gabonaise
le 17 août 1964

Dr. Larimer Mellon
P.O. Box 4
Saint Marc, Haïti

Cher ami,

Vous m'avez fait un grand plaisir avec les trois photographies. Je vous en remercie. Votre école fait l'effet d'être florissante. Notre hôpital de Lambaréné ne fait que grandir. Nous avons maintenant des lits pour 450 malades. Nous sommes 6 médecins et 15 infirmières européennes. Chaque année j'ai été obligé de créer deux bâtiments nouveaux pour les malades. Heureusement que notre terrain est grand.

Je me porte bien et puis encore bien faire mon travail. En 1959 j'étais pour la dernière fois en Europe. Je ne pense pas y retourner. Le travail à faire ici ne me permet pas de m'absenter.

Avec mes bonnes pensées, ton dévoué,
Albert Schweitzer

Post-scriptum à une lettre d'Ali Silver

le 7 décembre 1964

Cher ami,

Que tu es gentil de m'envoyer des graines d'un nouvel arbre fruitier. Je t'en remercie de coeur. Je t'écris à ma table dans l'hôpital. Donc vous avez maintenant place pour 170 alités. C'est un joli résultat. Mais bientôt vous serez à 200. Mon hôpital aussi devient toujours plus grand. Nous sommes maintenant 6 médecins et 15 infirmières européennes. Ces médecins et infirmières viennent surtout de Suisse. C'est un grand avantage. Ils s'entendent bien. Nous sommes profondément impressionnés des horreurs qui se passent au Congo Belge. Heureusement Tschombé a pu avancer assez vite pour sauver des millions de prisonniers qui auraient été tués. Les Nations Unies étaient toujours contre Tschombé. Elles l'ont empêché il y a deux ans, de libérer le Congo des bandits qui y régnaient. J'étais depuis longtemps en relation avec lui.

En 1959 j'étais pour la dernière fois en Europe. Je n'y retournerai pas. Je suis trop vieux pour voyager et de faire toutes les visites que je serais obligé de faire en Europe.

Avec mes bonnes pensées pour toi et les tiens.

Ton dévoué,
Albert Schweitzer

Post-scriptum à une lettre d'Ali Silver

le 1 février 1965

Cher ami,

Je suis touché que tu parles du respect de la vie dans ta lettre. Elle commence à être reconnue de plus en plus. Les penseurs de l'Inde sont heureux que dans le monde l'esprit de Bouddha gagne du terrain.

En ce moment ils demandent au gouvernement des Indes que l'éthique de Bouddha soit enseignée avec plus de rigueur dans les écoles de l'Inde que jusqu'ici . . . C'est très intéressant. En effet l'éthique de Bouddha était fêtée en Inde mais pas pratiquée dans la même mesure. Mes amis dans l'Inde m'ont fait part de ce ravisement. Il a ses raisons, car les gens du peuple ont manqué de pitié envers les créatures.

Veuille pardonner ma mauvaise écriture. Dans ces derniers temps je souffre de la crampe des écrivains. Il y a des journées où je ne suis pas capable d'écrire.

Avec mes bonnes pensées pour toi et ta famille.

De coeur, ton dévoué,
Albert Schweitzer

Appendix A
Appendix B

APPENDIX A

From *Life*, 6 October 1947

"The Greatest Man in the World"

That is what some people call Albert Schweitzer, jungle philosopher

There is a small group of men today, mostly educators, who believe the title of "greatest man in the world" should go—if it goes to anyone—to the broad, shaggy gray mustached man above. He is Albert Schweitzer, Ph.D., Th.D., Mus.D., M.D., a 72-year-old medical missionary who lives among the wild cannibals at Lambaréné, deep in the jungles of French Equatorial Africa. Two decades ago Schweitzer, who was born in Alsace, made a tremendous impression on European philosophers with his gloomy but scholarly two-volume prophecy of doom, *Philosophy of Civilization*. Before that, in his 20s, he had become recognized throughout the world as the greatest interpreter of the organ music of Bach and as a brilliant theologian and scholar on the life of Jesus. But in 1913, as he approached the height of his fame and as many men looked forward to the further work of one of the century's most original minds, a Christian shame for the white man's treatment of the Negro drove Schweitzer to go to Africa with his Jewish wife and set up a medical mission for the natives. To be published this fall in the U.S. is *Albert Schweitzer: An Anthology*, a biography and collection of his writings. Next spring Dr. Schweitzer expects to leave the jungles to revisit the civilization he still believes is doomed by man's materialism and false values.

Schweitzer arrived in the jungle in 1913 and quickly made his reputation with some hernia operations. The natives spread the word up the Ogowe River that the white medicine man could kill a patient, cut his belly open and then bring him back to life painlessly. Today the big Schweitzer Hospital has grown to 40 buildings, has 300 beds, 3 doctors, 6 nurses, 10 native assistants and even an insane asylum. The old doctor still visits the wards. Carefully catering to native superstitions he pretends to take some object from sores or incisions and throw it away, thus removing the evil spirit which caused the sickness.

In spare moments the doctor is finishing his philosophical works. By Schweitzer's philosophy men can progress only through spiritual advance. Today, he feels, the world relies too much on material stimuli, the most dangerous being nationalism. For these reasons, civilization must inevitably decay. The example of a few men like himself might stop the decline if the world would pay attention. But the world, thinks Schweitzer, will pay no attention. Schweitzer's final volume is called *Reverence for Life,* a fitting title for the work of a man who never harms even a toad and tries never to step on the smallest flower in his path.

Published with photographs 6 October 1947. Reprinted with permission from *Life* magazine.

APPENDIX B

Letter from Jack Beau to Albert Schweitzer

Apache Maid Livestock Company

5 November 1947

Dr. Albert Schweitzer
Lambaréné
Gabon
French Equatorial Africa

Dear Doctor,

An illustrated article describing your humanitarian work in the Gabon was recently published here in the United States in October 6 *Life* magazine. Doubtless, you have already received the issue.

The article, which I read and studied with great interest, was the object of a long conversation with Mr. W. L. Mellon, Jr., my employer and friend, and president of two livestock companies, which I manage. Mr. Mellon was enormously interested in your philosophy and has asked me to make all the necessary arrangements to visit Lambaréné, in hopes of meeting you there and getting acquainted. Mr. Mellon would have certainly liked to come himself, but due to a prior commitment, he has to be in Peru at that time.

To enlighten you about the motive that inspires Mr. Mellon to contact you, it would be helpful to give you a quick outline of his background and of my own, his emissary in a role that, I admit, frightens me a bit because I am not certain I'm up to the task.

William L. Mellon, Jr., is thirty-eight years old and one of four children of Mr. W. L. Mellon, Sr., president of a number of large corporations. Less well known in the United States than his brother,[*] Andrew Mellon, the late secretary of the treasury and donor of the National Gallery of Art in Washington, Mr. Mellon, Sr., has nonetheless done a great deal for a number of causes. Before the war, he and his wife, who died five years ago, created a foundation known as the "W. L. and May T. Mellon Foundation." Their children are its current executors and administrators. This foundation helps support scientific research at different universities, as well as giving money to social service organizations. It is in his

---

[*] Misinformation: William L. Mellon, Sr., was the nephew of Andrew Mellon.

capacity of administrator, coupled with his strong personal interest, that Mr. Mellon, Jr., has asked me to come and see you, if you are agreeable.

As far as I, myself, am concerned, and as my name on the stationery indicates, I am of French origin. Born in France in 1905, my youth and education were caught up in the turmoil of the war of 1914–18, at the end of which I lost my father. Soon after completing my military service in the cavalry, I came to the United States, having tried for a long time to see this country whose language I already knew. I have remained here ever since, except for a brief trip to France in 1937 and a second visit in 1943–45, during the Second World War, where, as a naturalized American citizen, I served as captain with the Third American Army. Subsequently, I married here in Arizona, and my wife is a professional nurse. Until January 1945, she was associated with Dr. A. A. Berg, well known for his cancer and abdominal operations at Mount Sinai Hospital in New York.

After two years in the army in Europe, first in England and then in France, via Normandy, I traveled through your native Alsace, which happily, didn't suffer too much [damage]. Returning to the United States, I have been working on Mr. Mellon's two livestock ranches ever since.

We are located here several hundred miles from the Mexican border and consequently very far from the Gabon. Following my instructions, I have begun taking the first necessary steps to reserve passage on the different modes of transportation that my wife (who will be accompanying me) and I will take. The repatriation of people from the East to the West, and vice versa, which followed the war, continues to pack the boats and planes. Based upon the most recent information received, here is our approximate schedule. Our departure date from New York will be determined by the availability of seats for the African portion of the trip:

Departure from New York:	end January
Arrival Paris:	beginning February
Arrival Algiers:	about 12 February
Departure Algiers:	about 20 February
via Oran, Casablanca, Bathurst	
Arrival Libreville:	end February

The Paris-Algiers-Libreville leg of the journey will be done by plane.

As best as I can judge from here, with the documents at my disposal, the trip from Libreville to Lambaréné must be done on land, via Port Gentil, and thereafter by water, on the Ogoue [River] to Lambaréné. I've asked American Express, the travel agency in charge of making our reservations, if, in view of the inevitable delays at certain locations (Bathurst 8 days) due to infrequent plane service, there might not be some other means of getting to Port Gentil, via Bordeaux, for example.

I'm waiting for a reply to these questions from American Express. They don't seem to have much information about certain aspects of the trip that are of interest to me, such as the ease of transport from Libreville to Lambaréné. Based on your own experience, would you be kind enough to advise me not only on this matter but also as regards all the physical precautions necessary (inoculations, etc.) for someone who is not accustomed to the living conditions in the Gabon.

After all these details, I have one question of prime importance left: Would you honor me with your welcome and permit me to hear about your ideas, so that I might communicate your views to Mr. Mellon, particularly in regards to one of the last sentences in the *Life* article:

"The example of a few men like himself might stop the decline, if the world would pay attention. But the world, according to Schweitzer, will pay no attention."

Alone, the task is insurmountable, or almost so, but there must be a way to spread the word. This is how Mr. Mellon wishes to present your philosophy, your hospital, and your work in general, to the Mellon Foundation. You will now understand why, beyond the broad outlines, I don't feel equal to the task and will need all of your indulgence. Could I persuade you, perhaps, to present your ideas in person?

The *Life* article mentioned your intention to leave the Gabon briefly in the spring. May I ask you approximately what date you plan to be away from Lambaréné? Wishing to stop in France, then in Algiers, where I have a brother whom I haven't seen in ten years, it is possible that my arrival, at the beginning of March, the time of which can not, at any rate, be advanced, will coincide with your departure. In that case, could you foresee a possibility of our meeting in Algeria or France, if that be your destination?

A final question: Is there anything that you would like that I might be able to procure, either for you personally, or your mission, or the members of your staff? I don't yet know what the baggage limits are, but rest assured, if there is something you want, I would be delighted to honor your request and will find a way to get it there.

In hopes of receiving a response from you soon, please accept, Doctor, my respectful best wishes.

Jack H. Beau

Apache Maid Livestock Company

Le 5 novembre 1947

Docteur Albert Schweitzer
Lambaréné
Gabon
Afrique Équatoriale Française

Cher Docteur,

Un article illustrant et décrivant votre oeuvre humanitaire au Gabon fut publié aux États-Unis dans le magazine *Life* du 6 octobre dernier. Vous aurez sans aucun doute déjà reçu un exemplaire de cette publication.

Cet article que j'ai lu et étudie avec beaucoup d'intérêt fut l'objet d'une longue conversation avec M. W. L. Mellon, Jr., mon patron et ami, et Président des deux compagnies d'élevage que je dirige. M. Mellon s'est énormément intéressé à votre philosophie et m'a demandé de prendre les dispositions nécessaires pour vous rendre visite à Lambaréné avec l'espoir de pouvoir vous y rencontrer et de faire votre connaissance. M. Mellon aurait vivement désiré faire ce voyage, pour vous voir, en personne mais il doit à cette même époque se rendre au Pérou à la suite d'arrangements antérieurs.

Afin de vous éclairer sur le motif qui inspire M. Mellon à se mettre en rapport avec vous il est nécessaire que je trace un curriculum rapide non seulement de lui mais de moi-même, son émissaire dans un rôle qui, je l'avoue, m'effraie un peu car j'ai bien peur de ne pas être à la hauteur de la tâche.

William L. Mellon, Junior, qui a trente-huit ans est un des quatre enfants de M. W. L. Mellon, Senior, Président du Conseil d'un certain nombre de grosses corporations. Moins connu aux États-Unis que son frère* Andrew Mellon, feu Secrétaire du Trésor et donateur de la Galerie Nationale d'Art à Washington, M. Mellon Sr. a néanmoins fait beaucoup pour un certain nombre de causes. Lui et son épouse, décédée il y a cinq ans, ont créé avant la guerre une fondation connue ici sous le nom de: «W. L. & May T. Mellon Foundation» dont les quatre enfants ont été nommés gardiens et administrateurs. Cette fondation supporte ou subventionne certaines recherches scientifiques dans différentes universités et s'occupe d'oeuvres sociales. C'est agissant en qualité d'administrateur, doublé d'un vif intérêt personnel, que M. Mellon Jr. m'a demandé de venir vous voir et de m'entretenir avec vous si vous y consentez.

Pour ce qui est de moi et comme mon nom, plus haut, l'indique, je suis d'origine française. Né en France en 1905, ma jeunesse et éducation furent quelque peu bouleversées par la guerre de 1914–18 à la suite de laquelle j'ai perdu mon père. Ayant complété mon service militaire dans la cavalerie je suis venu aux États-Unis aussitôt après tenté depuis longtemps de voir ce pays dont je connaissais déjà bien la langue. J'y suis resté depuis sauf pour une courte visite en France en 1937 et une deuxième visite en 1943–45, pendant cette dernière guerre ou, naturalisé alors, j'ai servi comme Commandant avec la 3ème Armée Américaine. Marié depuis, ici même en Arizona, ma femme est infirmière professionnelle et jusqu'en janvier 1945 était une des spécialistes du Docteur A. A. Berg, très connu pour ses opérations du cancer et abdominales, à l'Hôpital Mount-Sinai à New York.

Après deux ans d'armée en Europe, d'abord en Angleterre puis en France, via la Normandie, j'ai traversé votre Alsace natale qui heureusement n'a pas trop souffert. De retour aux États-Unis je m'occupe depuis des deux ranchs de W. L. Mellon, Jr., qui s'intéresse à l'élevage du bétail.

Nous sommes ici à quelques centaines de miles au nord de la frontière du Mexique et par conséquent très éloignés du Gabon. A la suite des instructions reçues j'ai commencé les démarches nécessaires pour obtenir passage sur les différents modes de locomotion que ma femme, qui doit m'accompagner, et moi devrons emprunter. Le remaniement des masses d'Est à l'Ouest, et vice versa, qui

---

* Renseignement erroné: William L. Mellon, père fut le neveu d'Andrew Mellon.

a suivi la guerre continue à charger les navires et avions. D'après informations reçues voici, à l'heure actuelle, à peu près ce que serait notre horaire, dont la date de départ de New York est déterminée par la date de disponibilité des places sur la portion africaine du trajet:

Départ de New York:	fin janvier
Arr. Paris:	début février
Arr. Alger:	vers 12 février
Départ Alger:	vers 20 février
via Oran, Casablanca, Bathurst	
Arr. Libreville:	fin février

Le trajet Paris-Alger-Libreville serait effectué par avion.

Autant que je puisse juger d'ici, avec les documents dont je dispose, le trajet de Libreville à Lambaréné doit être effectué via Port Gentil par terre, puis par eau sur l'Ogowe jusqu'à Lambaréné. J'ai demandé à l'American Express, l'agence de voyage qui s'occupe de réserver les places, si en vue des délais inévitables à certains endroits (Bathurst 8 jours) à cause des horaires couvrant parfois un seul avion par semaine, il n'y aurait pas moyen de venir à Port Gentil par mer en partant de Bordeaux par exemple.

J'attends réponse de l'American Express à ces questions. Ils ne semblent pas bien documentés sur certains sujets qui m'intéressent tels que facilité de transport de Libreville à Lambaréné. Auriez-vous l'obligeance de me faire profiter de votre expérience et de vos conseils non seulement à ce sujet mais quant au côté physique, inoculations et autres précautions nécessaires pour quiconque n'est pas accoutumé aux conditions d'existence au Gabon.

Après tous ces détails il me reste une question primordiale: Voudriez-vous m'honorer de votre accueil et me permettre de vous entendre afin que je puisse communiquer à M. Mellon vos vues, en particulier sur une des dernières phrases de l'article de *Life:* "l'exemple de quelques hommes comme lui pourrait arrêter le déclin si le monde voulait bien écouter. Mais le monde, pense Schweitzer, n'écoutera pas."

Seul, la tâche est insurmontable, ou presque, mais il doit y avoir un moyen de porter la parole. C'est ce moyen, votre philosophie, votre hôpital, et votre travail en général que M. Mellon désirerait présenter à la Fondation Mellon. Vous comprendrez maintenant pourquoi, hors les grands traits, je ne me sens pas égal à la tâche et que j'aurai besoin de toute votre indulgence. Peut-être pourrais-je vous persuader de présenter vos vues en personne?

L'article de *Life* mentionne votre intention de quitter le Gabon temporairement au printemps. Pourrais-je vous demander vers quelle date à peu près vous avez l'intention de vous absenter de Lambaréné? Ayant le désir de m'arrêter en France puis à Alger où j'ai un frère que je n'ai pas vu depuis dix ans, il est possible que mon arrivée, qui ne peut être avancée de toute façon, au début de mars coïncide avec votre départ. Dans ce cas prévoyez-vous la possibilité que je puisse vous rencontrer en Algérie ou en France si telle est votre destination.

Une dernière question: Y aurait-il quelque chose que vous puissiez désirer que je puisse vous procurer, soit pour votre mission, soit pour vous personnellement, ou pour votre personnel? Je ne sais pas quelles sont les limites approximatives de bagages, mais soyez assuré que si tel est votre désir je serais ravi de m'acquitter de ce désir et qu'il y aura toujours un moyen de mener la chose à bien.

Dans l'espoir de vous lire prochainement, je vous prie d'agréer, Docteur, l'expression de mes sentiments respectueux.

Jacques H. Beau